职业教育财经商贸类专业教学用书

财务会计
（第六版）

主　编　陈志红
主　审　王淑文　李惟庄

华东师范大学出版社
·上海·

图书在版编目(CIP)数据

财务会计/陈志红主编. —6 版. —上海：华东师范大学出版社，2018
 ISBN 978-7-5675-7684-1

Ⅰ.①财… Ⅱ.①陈… Ⅲ.①财务会计-职业教育-教材 Ⅳ.①F234.4

中国版本图书馆 CIP 数据核字(2018)第 073840 号

财务会计(第六版)

"十四五"职业教育国家规划教材
职业教育财经商贸类专业教学用书

主　　编	陈志红
责任编辑	何　晶
装帧设计	庄玉侠

出版发行	华东师范大学出版社
社　　址	上海市中山北路 3663 号　邮编 200062
网　　址	www.ecnupress.com.cn
电　　话	021-60821666　行政传真　021-62572105
客服电话	021-62865537　门市(邮购)电话　021-62869887
地　　址	上海市中山北路 3663 号华东师范大学校内先锋路口
网　　店	http://hdsdcbs.tmall.com

印 刷 者	上海华顿书刊印刷有限公司
开　　本	787 毫米×1092 毫米　1/16
印　　张	12.75
字　　数	288 千字
版　　次	2018 年 6 月第 6 版
印　　次	2025 年 6 月第 8 次
书　　号	ISBN 978-7-5675-7684-1
定　　价	31.00 元

出版人　王　焰

(如发现本版图书有印订质量问题，请寄回本社客服中心调换或电话 021-62865537 联系)

出版说明（第六版）

CHUBANSHUOMING

本书是"十四五"职业教育国家规划教材、职业教育商贸及财经专业的教学用书。

全书文字阐述简明易懂、条理清晰，知识体系和选用信息新颖，是针对职校学生的特点编写而成的。

第六版教材以《企业会计准则（2006）》、《小企业会计制度（2013）》和《财政部国家税务总局关于调整增值税税率的通知》（财税〔2018〕32号）等为依据对内容作了相应的修订。

具体的栏目设计如下：

学习目标：提纲挈领，简要指出各章的主要学习目标。

知识窗：进一步向纵深拓展正文信息，切实联系现实问题；补充解释各种重要名词。

相关例题：结合内容加入大量实用例题，使本书更具实用性。

本章小结：对各章教学内容进行总结。

为了方便老师的教学活动，本书还配套有：

《财务会计·习题集》（第六版）：包含各章重点难点与学习建议、关键概念及习题；所收录习题题型全面，由浅入深。既可供学生练习，又可为教师命题提供参考。

本书各章节的教学建议、习题集答案、教学补充材料等相关资源可以登录网站 have.ecnupress.com.cn，搜索"财务会计"进行下载。

华东师范大学出版社
2018年6月

前　　言（第六版）

QIANYAN

财务会计是现代会计的重要分支，是财经类专业学生的一门必修课。本教材结合当前中职会计课程的要求，按会计岗位所应具备的基本知识、基本技能进行编著。内容主要包括资产、负债、所有者权益、收入、费用、利润等要素，以及常见会计业务的财务处理方法和资产负债表、利润表等主要财务会计报表编制的基本技能。本教材的编写力求简明扼要，由浅入深，通俗易懂，明确各章学习目标，注重培养学生的学习能力和动手能力，具有较强的可操作性。

《企业会计准则（2006）》的正式颁布和实施，是我国会计事业发展的里程碑，它标志着我国会计改革进程和会计法制建设进入了新时代。新会计准则的实施有利于规范企业会计确认、计量和报告行为，有利于提高我国会计信息质量，有利于优化我国投资环境。

第六版教材以《企业会计准则（2006）》、《小企业会计准则（2013）》和《财政部国家税务总局关于调整增值税税率的通知》（财税〔2018〕32号）等为依据，对原教材的相关内容做了修订。

本教材主要作为职业学校财经类专业的教学用书，也可作为在职财会人员的岗位培训教材或自学用书。

本教材共十二章，第一至七章、第九至十二章由陈志红编写，第八章由王莉萍编写。全书由陈志红主编，并负责改版修订和定稿。

本教材由王淑文老师和李惟庄教授主审。

本教材在编写过程中吸收了一些专家和学者的研究成果，在此一并表示谢意。

由于水平所限，本教材难免有疏漏和不当之处，敬请读者批评指正。

编　者
2018年6月

目录 MULU

第一章　总　论 … 1
第一节　现代会计的两大分支 … 2
第二节　会计要素和会计等式 … 3
第三节　会计核算的基本前提与会计信息质量要求 … 5
第四节　会计法规 … 7

第二章　货币资金 … 11
第一节　现金 … 12
第二节　银行存款 … 20
第三节　其他货币资金 … 37

第三章　应收及预付款项 … 41
第一节　应收票据 … 42
第二节　应收账款 … 45
第三节　预付账款 … 48
第四节　其他应收款 … 49
第五节　坏账及坏账损失 … 50

第四章　存　货 … 57
第一节　存货概述 … 58
第二节　原材料 … 60
第三节　包装物 … 73
第四节　低值易耗品 … 76
第五节　委托加工物资 … 78
第六节　存货的期末计价 … 80

第五章　交易性金融资产与长期股权投资 … 83
第一节　金融资产概述 … 84
第二节　交易性金融资产 … 85
第三节　长期股权投资 … 90

目 录

MULU

第六章　固定资产　93
第一节　固定资产概述　94
第二节　固定资产增加的核算　97
第三节　固定资产折旧　100
第四节　固定资产的后续支出　104
第五节　固定资产减少的核算　106

第七章　无形资产及其他资产　109
第一节　无形资产概述　110
第二节　无形资产的核算　111
第三节　其他资产　115

第八章　流动负债　117
第一节　流动负债概述　118
第二节　短期借款　119
第三节　应付票据　120
第四节　应付及预收款项　122
第五节　应付职工薪酬　126
第六节　应交税费　133
第七节　其他流动负债　142

第九章　非流动负债　145
第一节　非流动负债概述　146
第二节　长期借款　146
第三节　其他非流动负债　149

第十章　所有者权益　153
第一节　所有者权益概述　154
第二节　实收资本　155
第三节　资本公积　158
第四节　盈余公积　159
第五节　未分配利润　161

目 录

MULU

第十一章　收入、费用和利润　　　**165**
　　第一节　收入　　　**166**
　　第二节　费用　　　**171**
　　第三节　利润　　　**173**

第十二章　财务会计报告　　　**181**
　　第一节　财务会计报告概述　　　**182**
　　第二节　资产负债表　　　**183**
　　第三节　利润表　　　**188**
　　第四节　会计报表附注　　　**192**

第一章 总 论

【学习目标】

通过本章学习,了解现代会计的两大分支;掌握会计要素和会计等式;掌握会计核算的基本前提;熟悉会计信息质量要求;了解会计法规体系。

第一节 现代会计的两大分支

会计起源于生产实践,并随着生产的发展而发展。会计是企业经营管理的重要组成部分,也是一个经济信息系统。管理越发展,会计越重要。**财务会计**和**管理会计**是现代会计的两大分支。

> **知识窗 1-1**
>
> 美国著名经济学家、诺贝尔经济学奖获得者萨缪尔森说:"我们正处在一个科技时代,同时也是一个会计时代。在这个时代里,掌握一些会计知识已成为人们的基本需求。"现代社会会计无处不在,人们在处理经济事务时是否有会计意识,是否能利用会计信息进行经济决策,其结果将会大相径庭。

一、财务会计

财务会计也称对外会计,是根据会计准则,以货币为主要计量单位,通过填制并审核会计凭证、登记账簿、编制会计报表等一系列既定的会计程序,对企业的生产经营活动进行核算、监督,并向企业利害关系人报告财务状况、经营成果及其现金流量等会计信息的一种管理活动。

二、管理会计

"管理会计"这一术语是在 1952 年的会计师国际代表大会上正式提出来的。管理会计也称对内会计,是以财务会计信息资料及其他资料为基础,利用数理统计学、运筹学、决策论、控制论、信息论、系统论、计算机应用技术等现代科学方法,来实现对企业内部经济活动的预测、决策和控制的一种管理活动。主要包括预测决策会计、规划控制会计和责任会计三大部分。

> **知识窗 1-2**
>
> 1972 年西方出现了"执业管理会计师(CMA)"。在美国,执业管理会计师资格的取得要比注册会计师(CPA)资格难得多。其规定如下:凡经过执业管理会计师协会审查符合应考条件的申请人,需在连续三年内攻读相关课程,并参加"经济学和企业管理"、"组织与行为科学"、"对外报表的编制准则、审计学和税务"、"企业对内和对外的定期报告及分析"和"决策分析"五个单元的考试,考试合格者方能取得"执业管理会计师"证书。

第二节 会计要素和会计等式

一、会计要素

会计要素是对会计对象（即会计核算和监督的内容）的基本分类，是会计报表的基本构件。

我国企业会计要素分为**资产**、**负债**、**所有者权益**、**收入**、**费用**和**利润**六项。其中资产、负债和所有者权益侧重反映企业的财务状况，收入、费用和利润侧重反映企业的经营成果。

1. 资产

（1）资产的含义

资产是指由企业过去的交易或事项形成的，由企业拥有或者控制的，预期会给企业带来经济利益的资源。

资产按流动性从大到小分类，可分为流动资产和非流动资产。

（2）资产的主要特征

① 资产是由企业过去的交易或事项形成的。

② 资产预期能够直接或间接地给企业带来经济利益。

③ 资产应是企业拥有或控制的经济资源。

2. 负债

（1）负债的含义

负债是指由企业过去的交易或事项形成的，预期会导致经济利益流出企业的现时义务。负债按偿还期从短到长分类，可分为流动负债和非流动负债。

（2）负债的主要特征

① 负债是企业承担的现时义务。

② 负债的清偿会导致经济利益流出企业。

③ 负债是由企业过去的交易或事项形成的。

3. 所有者权益

（1）所有者权益的含义

所有者权益是指企业全部资产扣除全部负债后，由所有者享有的剩余权益。公司的所有者权益又称为股东权益。

所有者权益包括实收资本（或者股本）、资本公积、其他综合收益、盈余公积和未分配利润等。其中，盈余公积和未分配利润又合称为留存收益，是企业利润留存形成的。

（2）所有者权益的主要特征

所有者权益与负债相比具有以下特征：

① 除发生减资和破产清算外，企业不需要偿还所有者权益，而负债在任何情况下都必须偿还。

② 所有者权益对资产的要求权置后于负债对资产的要求权。

③ 所有者凭借所有者权益能够参与企业的利润分配,而债权人不能参与企业的利润分配。

4. 收入

(1) 收入的含义

收入是指企业在日常活动中形成的,会导致所有者权益增加的,与所有者投入资本无关的经济利益的总流入。

收入按业务主次的不同,分为主营业务收入和其他业务收入。

(2) 收入的主要特征

① 收入是从企业的日常活动中产生的。例如:罚款收入不是企业日常活动中产生的,就不能作为收入。

② 收入可能表现为企业资产的增加,或负债的减少,或两者兼有。

③ 收入最终会导致所有者权益的增加。

④ 收入只包括本企业经济利益的流入,不包括为第三方或客户代收的款项。例如:旅游公司为航空公司代收的机票费不能作为旅游公司的收入入账。

需要注意的是: 这里的"收入"不包括营业外收入。

5. 费用

(1) 费用的含义

费用是指企业在日常活动中形成的、会导致所有者权益减少的、与所有者分配利润无关的经济利益的总流出。

(2) 费用的主要特征

① 费用是企业在日常活动中发生的经济利益流出。

② 费用可能表现为企业资产的减少,或负债的增加,或两者兼有。

③ 费用最终会导致企业所有者权益的减少。

需要注意的是: 这里的"费用"不包括营业外支出。

6. 利润

(1) 利润的含义

利润是指企业在一定会计期间的经营成果。利润有营业利润、利润总额和净利润等各项利润指标。

其中:

1) 营业利润 = 营业收入 − 营业成本 − 税金及附加 − 期间费用 − 研发费用 − 信用减值损失 − 资产减值损失 ± 公允价值变动损益 ± 投资收益 ± 资产处置收益(损失) + 其他收益 ± 净敞口套期收益(损失)

其中,期间费用 = 管理费用 + 财务费用 + 销售费用

2) 利润总额 = 营业利润 + 营业外收入 − 营业外支出

3) 净利润 = 利润总额 − 所得税费用

(2) 利润的主要特征

① 利润表示企业最终的经营成果。

② 利润与收入和费用两要素密切相关。

二、会计等式

1. 资产、负债、所有者权益三者之间的关系

在某个特定的时点，资产、负债和所有者权益三者之间存在平衡关系，即：

资产 ＝ 负债 ＋ 所有者权益

这一关系是编制资产负债表的基础，也是企业资金运动的静态表现。

2. 收入、费用、利润三者之间的关系

收入减去费用，并经过调整后，等于利润。**在不考虑调整因素**（比如：营业外收入、营业外支出等）**的情况下**，三者关系如下：

收入 － 费用 ＝ 利润

这一关系是编制利润表的基础，也是企业资金运动的动态表现。

第三节 会计核算的基本前提与会计信息质量要求

一、会计核算的基本前提

会计核算所面对的社会经济环境是极为复杂和变化不定的。在这种情况下，需要对该环境做出合理的假设，这就是会计核算的基本前提，也称会计基本假设。

我国会计核算的基本前提有四个，具体包括：**会计主体、持续经营、会计分期和货币计量**。

1. 会计主体

会计主体是指会计核算和监督的特定单位，是企业会计确认、计量和报告的空间范围。

① 会计主体是会计核算的空间范围。

② 会计只反映特定单位本身发生的经济业务，不包括其他单位的经济活动，也不包括所有者本人的财务活动。

③ 会计主体可以是一个企业，也可以是一个企业的一部分；可以是一个独立的法律实体，也可以是一个非法律实体；可以是一个营利组织，也可以是一个非营利组织。

需要注意的是：法律主体必然是会计主体，但会计主体不一定是法律主体。

2. 持续经营

持续经营是指会计主体在可预见的未来，将根据正常的经营方针和既定的经营目标持续经营下去，不会因为进行清算、解散、倒闭而不复存在。企业的经营活动是否持续进行在会计处理上有不同的处理方法。

① 我国会计核算原则是建立在持续经营基础之上的。

② 持续经营为企业财产的计价和收益的确定提供了基础。

3. 会计分期

会计分期是指将持续的经营活动期人为地分割为若干连续的、长短相同的会计期间。

① 由于会计分期，产生了当期与其他期间的差别，从而出现了权责发生制和收付实现制的区别。

② 我国采用日历制来划分会计年度，即从每年 1 月 1 日至 12 月 31 日为一个会计年度。

③ 每个会计年度还具体分为半年度、季度和月度。

需要注意的是： 会计年度的规定不仅适用于内资企业，也适用于外商投资企业。

知识窗 1-3

世界各国会计年度的划分有所不同，主要有以下几种情况：
- 采用日历制（1~12月）来划分会计年度的，主要国家有中国、德国、瑞士、俄罗斯等。
- 采用4月至次年3月来划分会计年度的，主要国家有英国、加拿大、日本、印度、新加坡等。
- 采用7月至次年6月来划分会计年度的，主要国家有澳大利亚、瑞典等。
- 采用10月至次年9月来划分会计年度的，主要国家有美国、泰国等。

---

4. 货币计量

货币计量是指会计主体在会计核算中采用货币作为计量单位，记录和反映会计主体的经营情况。

① 我国《会计法》规定各单位会计核算以**人民币**为记账本位币。

② 业务收支以人民币以外的货币为主的单位，可以选定其中一种货币为记账本位币，但对外提供会计报表时必须折合成人民币反映。

二、会计信息质量要求

会计信息质量要求是会计核算应当遵循的一般规则和准绳。根据《企业会计准则》的规定，会计信息质量要求主要有以下几项：

1. 可靠性

会计核算应以实际发生的经济业务及证明经济业务发生的合法凭证为依据，以便如实反映企业的财务状况、经营成果和现金流量。

可靠性要求企业在会计核算时做到：内容完整、数字准确、资料可靠。

2. 相关性

企业提供的会计信息应基本上能够满足会计信息使用者进行经济预测和决策的需要。

3. 可理解性

企业提供的会计信息应当清晰明了，便于理解和使用。

4. 可比性

企业提供的会计信息应当具有可比性。具体要求为：

① 企业采用的会计政策在前后各期应保持一致，不得随意改变，以保证企业本身会计信息的纵向可比。

② 不同企业会计核算应采用规定的会计政策，使各企业提供的会计指标口径一致，以保证不同企业之间会计信息的横向可比。

5. 实质重于形式

企业应按交易或业务的经济实质进行会计核算，而不应当仅以法律形式作为会计核算的依据。如：融资租入固定资产业务的处理等。

6. 重要性

企业在选择会计方法和程序时，要考虑经济业务本身的性质和规模。对于重要的交易或事项，应当单独、详细反映。反之则可以合并、粗略反映。

7. 谨慎性

企业在进行会计核算时，应保持应有的谨慎。不得高估资产或收益、低估负债或费用。如：计提坏账准备、存货期末按成本与可变现净值孰低法计价等，都体现了谨慎性的要求。

8. 及时性

会计核算要及时进行，不得提前或延后。即各单位应及时收集、处理和传递会计信息。

第四节 会计法规

目前我国会计法规体系主要由**会计法律、会计行政法规、国家统一的会计制度**和**地方性会计法规**四部分组成（见图1-1）。

一、会计法律

会计法律是由全国人民代表大会及其常务委员会经过一定立法程序制定的有关会计工作的法律。我国目前有两部会计法律，分别是《会计法》和《注册会计师法》。

我国现行的《会计法》于1999年10月31日审议通过，并于2000年7月1日起正式实施。《会计法》是我国会计核算的根本大法。全文共有七章，分别为：总则；会计核算；公司、企业会计核算的特别规定；会计监督；会计机构和会计人员；法律责任；附则。

二、会计行政法规

会计行政法规是由国务院制定并发布，或者由国务院有关部门拟定并经国务院批准发布，调整经济生活中某些方面会计关系的法律规范。如：国务院发布的《企业财务会计报告条例》和《总会计师条例》。

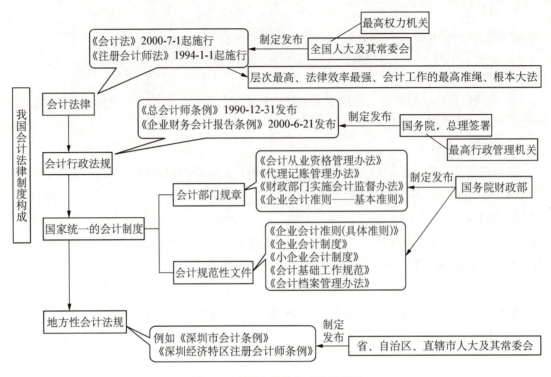

图 1-1　我国当前的会计法规体系

三、国家统一的会计制度

国家统一的会计制度是国务院财政部门根据《会计法》制定的关于会计核算、会计监督、会计机构和会计人员以及会计工作管理的制度，包括会计部门规章和会计规范性文件。如：《会计从业资格管理办法》《企业会计准则——基本准则》《企业会计准则（具体准则）》（企业会计准则体系中的 38 项具体准则及应用指南）《小企业会计准则》《企业会计制度》《会计基础工作规范》及《会计档案管理办法》等。

会计准则是会计核算工作的基本规范，会计准则以会计法为指导，就会计核算的基本规范、具体业务的会计处理方法及程序做出规定，如表 1-1 所示。目前我国企业会计准则包括 1 项基本会计准则、38 项具体会计准则、应用指南和解释公告等。

表 1-1

我国目前会计准则的构成

会计准则	企业会计准则	包含基本准则、具体准则、应用指南、解释公告等
	小企业会计准则	2013 年 1 月 1 日起施行
	政府会计准则	2017 年 1 月 1 日起施行

基本会计准则主要对会计核算的一般要求和会计核算的主要方面做出原则性的规定，主要包括会计核算的基本前提、会计信息质量要求、会计要素的确认和计量及财务报告的基本内容等。

具体会计准则是根据基本会计准则的要求，就具体经济业务的会计处理及其程序做出具体规定。如：存货准则、收入准则、投资准则、固定资产准则、债务重组准则、借款费用准则等。

四、地方性会计法规

地方性会计法规是由省、自治区、直辖市人民代表大会或常务委员会在与宪法、会计法律、会计行政法规，以及与国家统一的会计制度等不相抵触情况下发布的关于本地区会计核算、会计监督、会计工作管理等的规范性文件，如：《深圳市会计条例》等。

本章小结

◆ 现代会计分财务会计和管理会计两大分支。财务会计一般称为对外会计，而管理会计称为对内会计。本课程旨在阐述财务会计的主要内容和核算方法。

◆ 我国企业会计六要素分别是资产、负债、所有者权益、收入、费用和利润。其中资产、负债、所有者权益侧重反映企业的财务状况，它们是企业资产负债表的构成要素。收入、费用、利润侧重反映企业的经营成果，它们是企业利润表的构成要素。

◆ 会计等式：资产＝负债＋所有者权益
　　　　　　　收入－费用＝利润

◆ 我国会计核算的基本前提为：会计主体、持续经营、会计分期、货币计量。

◆ 我国会计信息质量要求有：可靠性、相关性、可理解性、可比性、实质重于形式、重要性、谨慎性、及时性。

◆ 我国会计法规体系由会计法律、会计行政法规、国家统一的会计制度和地方性会计法规四部分构成。

第二章 货币资金

【学习目标】

通过本章学习，熟悉现金管理的相关规定；掌握库存现金、银行存款日常收付的业务流程和账务处理；掌握库存现金清查和银行存款核对的方法；了解银行账户的种类；熟悉银行转账结算方式的业务流程和有关规定；掌握其他货币资金的内容及其账务处理。

第一节 现　　金

一、现金的含义及特征

1. 现金的含义

现金有广义和狭义之分。广义现金一般是指以货币形态存在的资金，即货币资金，它包括库存现金、银行存款和其他货币资金。狭义现金是指各单位存放在财务部门，由出纳员经管作为该单位零星开支的库存现金，它包括人民币和外币。**本章所述现金指狭义现金，即库存现金。**

> 知识窗 2-1
>
> 出纳员是指按照有关规章制度，办理本单位现金收付、银行结算及有关账务，并负责保管库存现金、有价证券、财务印章及有关票据的会计人员。

2. 现金的特征

现金是流动性最强的资产，它可以随时转换为其他资产，具有普遍的可接受性。

二、现金的管理

为了调节货币流通，保护现金安全，现金的管理十分重要。国务院颁布了《现金管理暂行条例》，各单位在处理现金收付业务时必须严格遵守该条例。

1. 现金的收支管理

（1）收入现金的许可范围

① 不足转账起点的小额收入。

② 对没有开设银行账户的单位或个人的销售收入。

③ 职工或相关单位交来的剩余差旅费、备用金等。

（2）支出现金的许可范围

① 职工工资、津贴。

② 个人劳务报酬。

③ 根据国家规定颁发给个人的科学技术、文化艺术、体育比赛等各项奖金。

④ 各种劳保、福利费用以及国家规定的对个人的其他支出。

⑤ 向个人收购农副产品和其他物资的价款。

⑥ 出差人员必须随身携带的差旅费。

⑦ 结算起点 1 000 元以下的零星支出。

⑧ 中国人民银行确定需要支付现金的其他支出。

（3）现金收支的管理规定

① 不属于现金支出范围的款项在支付时不能使用现金，一律通过银行进行转账

结算。

② 在经营活动中发生的现金收入，一般应及时送存银行，不得直接用于支付自己的支出，即一般不得**坐支**。特殊情况下需要坐支的，应当事先报经开户银行审批，并由开户银行核定其坐支范围及限额。未经批准坐支或未按开户银行核定坐支额度和使用范围坐支现金的，按坐支金额的 **10%～30%** 进行**处罚**。

③ 不得"白条抵库"。"白条"，是指没有审批手续的凭据。

④ 不准谎报用途**套取现金**，否则按套取金额的 **30%～50%** 进行**处罚**。

⑤ 不准用银行账户代其他单位和个人存入或支取现金。

⑥ 不得公款私存。

2. 现金的限额管理

银行对各开户单位的库存现金，都要核定限额。这里的**限额**是指经银行核定的，企业日常可以持有的库存现金的最高额度。

库存现金限额一般按各单位 **3～5 天**（边远地区和交通不便地区的开户单位，其库存现金限额最长不超过 15 天）的日常零星开支现金的正常需要量进行申报。由开户银行核定，一般每年核定一次。

各单位如果**库存现金超过限额**，超出的部分必须于当日送存银行，否则银行将按超出额的 **10%～30%** 进行**处罚**；当现金不足时各单位可以签发现金支票从银行提取现金，用以补足其差额。

3. 现金的内部控制

严密的内部控制制度是确保企业各项经济活动正常运行的重要条件。现金很容易被侵吞、挪用或被盗窃。为了防止现金发生意外和损失，企业必须建立严密的现金内部控制制度。现金内部控制制度一般应具备以下基本内容：

（1）**钱账分管，明确职责**

① 管账的会计人员不得同时兼管出纳工作。

② 管钱的出纳人员不得兼管收入、费用、债权债务等账簿的登记及会计稽核和会计档案保管工作。

③ 出纳人员主要负责办理现金、银行存款以及各种票据、有价证券的收入、付出、保管等业务。

（2）**建立现金收付款业务的内部控制程序，严格审签制度**

各企业必须建立现金收付款业务的内部控制制度，由会计主管或指定专人对收付款的原始凭证进行认真审核和签章。

（3）**及时清查，核对账目**

出纳员应每日结出现金日记账结余额，并与实际数相核对，保持账款相符。一则防止现金丢失和现金收支及记账发生差错，二则便于及时掌握现金超限或不足的情况。

三、现金收支业务的核算

1. 现金收支核算的凭证

现金收支核算的凭证，包括原始凭证和记账凭证两类。企业发生的所有现金收支业务，首先都必须取得或填制原始凭证，然后根据审核后的原始凭证编制通用记账凭证或专用记账凭证（即收款凭证或付款凭证）。现金收支核算常见的原始凭证有**借款单**、**收款收据**、**发票**、**差旅费报销单**、**现金支票存根**和**送款单回单**等。

2. 现金收入的业务流程

① 由会计主管或指定的会计人员审核现金收入的原始凭证并签章。

② 将审核无误的原始凭证交会计人员（或出纳）编制记账凭证。

③ 将记账凭证交其他会计人员（非编制者）复核。

④ 将复核后的记账凭证交出纳办理收款。出纳员在办理收款时一方面注意当面点收现金，并反复核对以防差错，另一方面开具现金收款收据，并加盖"现金收讫"印章和出纳员名章。

⑤ 在记账前再将记账凭证交由会计稽核人员审核，审核后登记现金日记账。

3. 现金支出的业务流程

① 由会计主管或指定的会计人员审核现金支出的原始凭证并签章。

② 将审核无误的原始凭证交会计人员（或出纳）编制记账凭证。

③ 将记账凭证交其他会计人员（非编制者本人）复核。

④ 将复核后的记账凭证交出纳办理支出现金。出纳员在支出现金后，应在原始凭证上加盖带有日期的"现金付讫"戳记，并在记账凭证上的指定处签章。

⑤ 在记账前将记账凭证交由会计稽核人员审核，审核后登记现金日记账。

需要注意的是：首先，为了避免重复记账，从开户银行提取现金时，如果编制专用记账凭证只需填制付款凭证；将现金存入银行时，也只需填制付款凭证。其次，从外单位取得的原始凭证如果遗失，且确实无法取得证明的，应由当事人如实写明详细情况，由他人证明，并由本单位主管领导和财务负责人审批后，才可代作原始凭证。

4. 现金收支业务的账务处理

为了反映库存现金的收支结存情况，应设置"库存现金"账户。该账户是资产类账户，借方反映库存现金的增加，贷方反映库存现金的减少，余额在借方，反映月末库存现金的数额。企业收入现金时，借记"库存现金"账户，贷记有关账户；支出现金时，借记有关账户，贷记"库存现金"账户。

A公司2017年4月11日至4月30日发生【例1】至【例6】等6笔现金收付款业务，假设A公司使用专用记账凭证，账务处理如下：

【例1】4月11日签发支票一张，向银行提取现金2 000元补足现金限额。按支票存根（图2-1）编制银行存款付款凭证（假设记账凭证编号为"银付12"），会计分录为：

借：库存现金　　　　　　　　　2 000
　　贷：银行存款　　　　　　　　　　2 000

```
┌─────────────────────────────┐
│      中国工商银行            │
│ 支票号码：BK022650           │
│ 附加信息＿＿＿＿＿＿＿＿     │
│         ＿＿＿＿＿＿＿＿     │
│                             │
│ 出票日期：2017 年 4 月 11 日 │
│ ┌─────────────────────────┐ │
│ │ 收款人：A 公司          │ │
│ ├─────────────────────────┤ │
│ │ 金额：2 000 元          │ │
│ ├─────────────────────────┤ │
│ │ 用途：提取现金补足现金限额│ │
│ └─────────────────────────┘ │
│ 单位主管        会计        │
└─────────────────────────────┘
```

图 2-1 支票存根

【例 2】4 月 12 日职工张三因公出差，预借差旅费 1 000 元。按借款单（图 2-2）编制现金付款凭证（假设记账凭证编号为"现付 13"），会计分录为：

借：其他应收款——张三　　　1 000
　　贷：库存现金　　　　　　　　　1 000

借 款 单

2017 年 4 月 12 日

借款部门	行政办公室		
借款用途	杭州开会		
借款金额	人民币（大写）壹仟元整	￥1000.00	
审核意见	同意		现金付讫
单位负责人签名	陈东	借款人签名	张三
财务主管：高锋		会计：张晓	出纳：王岚

图 2-2 借款单据

【例 3】4 月 15 日职工李四出差归来交回差旅费剩余款 50 元。开出收款收据（图2-3）并据以编制现金收款凭证（假设记账凭证编号为"现收 8"），会计分录为：

借：库存现金　　　　　　　　50
　　贷：其他应收款——李四　　　　50

图 2-3 收款收据

【例4】4月18日将现金234元送存银行。按现金交款单的回单（图2-4）编制现金付款凭证（假设记账凭证编号为"现付14"），会计分录为：

借：银行存款　　　　　　　　　　234
　　贷：库存现金　　　　　　　　　　　　234

中国工商银行现金存款单（回单）
2017年4月18日

收款单位	全称	A公司				款项来源	小额收入			
	账号	012345	开户银行	工行卢湾支行		交款单位	A公司			
人民币（大写）贰佰叁拾肆元整					千	百	十	万	千	百	十	元	角	分
									¥	2	3	4	0	0

辅币	券别	伍角	贰角	壹角	伍分	贰分	壹分	收款员	王辰
	张数							收讫	
								复核员	李丽
主币	券别	壹佰元	伍拾元	拾元	伍元	贰元	壹元		
	张数	贰	零	叁	零	贰	零		

图 2-4　银行收款的回单

【例5】4月20日支付职工王五生活困难补助2 500元。按职工困难补助申请表（图2-5）编制现金付款凭证（假设记账凭证编号为"现付15"），会计分录为：

借：应付职工薪酬　　　　　　　2 500
　　贷：库存现金　　　　　　　　　　　2 500

职工生活困难申请表
2017年4月20日

困难原因	妻子患重症，开支很大		
申请补助金额	人民币（大写）贰仟伍佰元整	申请人签名	王五
工会小组意见	情况属实，建议补助　签章：宋文	公司工会意见	同意　审批人：黄明
备注	现金付讫		
		出纳：王岚	审核：张晓

图 2-5　补助申请单

【例6】4月24日行政管理部门购买办公用品持发票报销，财务科支付现金145元。按现金报销单（图2-6）编制现金付款凭证（假设记账凭证编号为"现付16"），会计分录为：

借：管理费用　　　　　　　　　145
　　贷：库存现金　　　　　　　　　　　145

现金报销单		
申请部门：行政办	2017年4月24日	附件1张
付款内容		金额
购买办公用品		145.00元
		现金付讫
合计人民币（大写）壹佰肆拾伍元整		￥145.00
财务主管：高锋　审批：卢伟　申请人：刘岩　出纳：王岚　审核：张晓		

图2-6　现金报销单

四、现金日记账

1. 现金日记账的设置

现金日记账是由出纳员根据审核无误的通用记账凭证或专用记账凭证（现金收款凭证、现金付款凭证及银行存款付款凭证），**按时间先后顺序逐笔登记**，用来反映现金收支结存情况的序时账簿。每个会计主体都必须设置**订本式的现金日记账**，其账页格式一般有"三栏式"、"多栏式"和"收付分页式"三种。实际工作中常选用具有"借（或收入）"、"贷（或支出）"及"借或贷余额（或结余）"的三栏式现金日记账，如表2-1所示。

2. 现金日记账的启用和登记

各单位在启用现金日记账时，应认真办理启用手续，在账簿封面上写明单位名称和账簿名称，并填写账簿启用表。

现金日记账的登记要点：

① 以审核无误的记账凭证作为登账依据。
② 注意现金日记账所登内容应与作为依据的记账凭证中的内容相一致。
③ 应按业务发生先后顺序逐笔登记，并逐日结出余额。
④ 登账时不得隔页、跳行，不得撕毁账页和随便更换账簿。
⑤ 首页第一行摘要为"结转上年"，最后一行摘要为"转次页"。
⑥ 除首页外，每页第一行摘要为"承前页"，最后一行摘要为"转次页"。
⑦ 要求使用钢笔填写，不得使用圆珠笔或铅笔书写。
⑧ 文字和数字的书写要求做到明晰、规范、准确。
⑨ 若登记有误，必须按规定的错账更正方法进行更正。

【例7】A公司2017年4月10日现金余额为3 000元，接着在4月11日至4月30日发生了6笔现金收付款业务，业务资料见【例1】至【例6】所示。现按业务发生的先后顺序登记现金日记账如下（表2-1）：

表 2-1

现金日记账   第 35 页

2017 年		凭证号数	摘　要	对方科目	收入	支出	结余
月	日						
4	10		承前页		5 800	3 800	3 000
	11	银付 12	提现	银行存款	2 000		5 000
	12	现付 13	预支差旅费	其他应收款		1 000	4 000
	15	现收 8	差旅费报销收回现金	其他应收款	50		4 050
	18	现付 14	现金送存银行	银行存款		234	3 816
	20	现付 15	支付生活困难补助	应付职工薪酬		2 500	1 316
	24	现付 16	购买办公用品	管理费用		145	1 171

3. 现金日记账的对账

现金日记账的对账包括账证核对、账账核对和账实核对。

（1）账证核对

现金日记账的账证核对是指按现金收付款业务发生或完成的先后顺序，对现金日记账的记录与相应的记账凭证进行核对。核对步骤是先进行原始凭证与记账凭证的复核，再进行有关记账凭证与现金日记账的核对。有差错则按相应的错账更正方法立即进行更正。

（2）账账核对

现金日记账的账账核对是指现金日记账与现金总账的核对。若核对不符，应先找出差错原因，并按规定的更正方法进行更正。

（3）账实核对

现金日记账的账实核对是指将现金日记账的余额与库存现金的实有数进行核对。

账实核对包括出纳员每日清点核对，以及清查小组定期和不定期的清点核对。对清点核对的结果，应编制"现金盘点报告表"。现金清对中查明的现金盘盈或盘亏，应根据**"现金盘点报告表"**及时进行账务处理。现金盘盈又称为现金长款，现金盘亏又称为现金短款。现金的长款或短款，应通过**待处理财产损溢——待处理流动资产损溢**账户核算。

【例 8】某企业在现金清点中，发现现金短款 200 元。按现金盘点报告表编制记账凭证，会计分录为：

借：待处理财产损溢——待处理流动资产损溢　　200
　　贷：库存现金　　　　　　　　　　　　　　　　　　200

【例 9】经查，上述现金短款是出纳员李刚工作失误造成，现审批决定由李刚赔偿 150 元，其余作为企业当期费用处理，会计分录为：

借：其他应收款——李刚　　　　　　　　　　150
　　管理费用　　　　　　　　　　　　　　　50
　　贷：待处理财产损溢——待处理流动资产损溢　　　200

【例 10】某企业在现金清点中，发现现金长款 300 元。按现金盘点报告表编制记账凭证，会计分录为：

　　借：库存现金　　　　　　　　　　　　　　　　　　　　300
　　　　贷：待处理财产损溢——待处理流动资产损溢　　　　　　300

【例11】由于上述现金长款确实无法查明原因，现审批决定作为企业营业外收入处理，会计分录为：

　　借：待处理财产损溢——待处理流动资产损溢　　　　　　300
　　　　贷：营业外收入　　　　　　　　　　　　　　　　　　　300

4. 现金日记账的结账

现金日记账的结账是指在本期（一般为本月）现金收付款业务已全部登记入账并已对账的基础上，结出本期发生额合计和期末余额的操作行为。

以月末结账为例，月末结账应按以下步骤进行：

① 检查本月发生或完成的现金收付款业务是否已全部登记入账；

② 认真做好现金日记账的对账工作；

③ 在现金日记账的月末最后一笔记录的下面划通栏单红直线，在下方分别结出收入栏（或借方栏）和付出栏（或贷方栏）的本月合计数及月末余额，在"摘要栏"中注明"本月合计"字样，再在"本月合计"行划上通栏单红直线。

【例12】A公司2017年4月11日至4月30日发生了6笔现金收付款业务，业务资料见【例1】至【例6】。假设本月所有现金收付款业务均已登记入账（见【例7】表2-1所示），并经过对账无差错。现将该企业的现金日记账结账如下（表2-2）：

★表2-2

现金日记账　　　　　　　　　　　　　　　　　　　第35页

2017年		凭证号数	摘　要	对方科目	收入	支出	结余
月	日						
4	10		承前页		5 800	3 800	3 000
	11	银付12	提现	银行存款	2 000		5 000
	12	现付13	预支差旅费	其他应收款		1 000	4 000
	15	现收8	差旅费报销收回现金	其他应收款	50		4 050
	18	现付14	现金送存银行	银行存款		234	3 816
	20	现付15	支付生活困难补助费	应付职工薪酬		2 500	1 316
	24	现付16	购买办公用品	管理费用		145	1 171
	30		本月合计		7 850	7 679	1 171

★注：本书表格中的蓝色线在实际操作中都应为单红直线。

第二节 银行存款

一、银行存款的含义

银行存款是指各单位存放在银行或其他金融机构的各种存款,包括人民币存款和外币存款两种。

二、银行账户管理

银行账户管理也是出纳人员的主要职责,是出纳人员日常工作的重点。银行账户是指存款人在中国境内银行开立的人民币存款、支取、转账结算和贷款户头的总称。按资金的不同性质、用途和管理要求,存款账户可分为**基本存款账户**、**一般存款账户**、**临时存款账户**和**专用存款账户**四种。

1. 基本存款账户

基本存款账户是指开户单位办理日常转账结算和存取现金的账户。

需要注意的是: ① 单位工资、奖金等现金支取,只能通过基本存款账户办理;② 单位信用卡的存款只能通过基本存款账户转入;③ 一个单位只能在一家银行的一个营业机构开立一个基本存款账户,不得在多家银行机构开立多个基本存款账户。

2. 一般存款账户

一般存款账户是指开户单位为办理基本存款账户以外的银行借款转存及与开立基本存款账户的单位不在同一地点的附属非独立核算单位所开立的账户。

需要注意的是: ① 本账户可以办理转账结算和现金的缴存,但不能办理现金的支取;② 不得在同一家银行的几个分支机构同时开立该账户。

3. 临时存款账户

临时存款账户是指开户单位因临时经营活动的需要而开立的账户。

需要注意的是: ① 本账户可以办理转账结算;② 本账户可以按国家现金管理规定办理现金的存取。

4. 专用存款账户

专用存款账户是指开户单位因特定用途需要而开立的账户。当存款人有基本建设资金、更新改造资金等资金时,可以申请开立专用存款账户。

各单位应加强对本单位银行账户的管理。避免多头账户,不得出租、出借账户,不准签发空头支票,不准签发远期支票,不准套取银行信用等。

三、银行转账结算方式

结算是指单位在经济活动中与其他单位或个人之间所发生的款项收付行为。按款项收付方式的不同,结算业务可分为**现金结算**和**转账结算**两种。

现金结算是指收付双方直接使用现金进行款项收付的行为。

转账结算是指收付双方通过银行将款项从付款方的存款户中划转入收款方的存款户上

的行为。

目前我国常用的转账结算方式主要有支票、银行汇票、银行本票、商业汇票、汇兑、委托收款、托收承付和信用卡等。

1. 支票

(1) 支票的含义

支票是指出票人签发的，委托办理支票存款业务的银行在见票时无条件支付确定金额给收款人或持票人的票据。

(2) 支票的分类

支票分为**现金支票**、**转账支票**和**普通支票**三种。

① 现金支票是指支票上印有“现金”字样的支票，该支票只能用于支取现金。

② 转账支票是指支票上印有“转账”字样的支票，该支票只能用于转账。

③ 普通支票是指支票上未印有“现金”或“转账”字样的支票，该支票既能用于提取现金又能用于转账。在普通支票左上角划有两条 45 度倾角平行线的划线支票只能用于转账，不得支取现金。目前，各地一般采用普通支票。

普通支票的样式见图 2-7 和图 2-8。

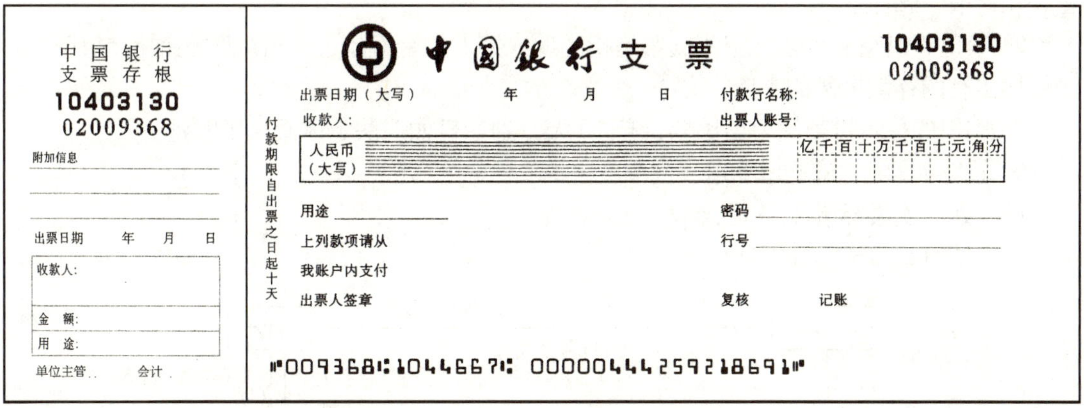
中国银行支票存根
10403130
02009368
附加信息
出票日期 年 月 日
收款人:
金 额:
用 途:
单位主管 会计

中国银行 支 票
10403130
02009368
出票日期（大写） 年 月 日 付款行名称:
收款人: 出票人账号:
付款期限自出票之日起十天
人民币（大写） 亿 千 百 十 万 千 百 十 元 角 分
用途 密码
上列款项请从 行号
我账户内支付
出票人签章 复核 记账
⑈009368⑆104467⑆ 0000044425921869⑈

图 2-7 支票正面

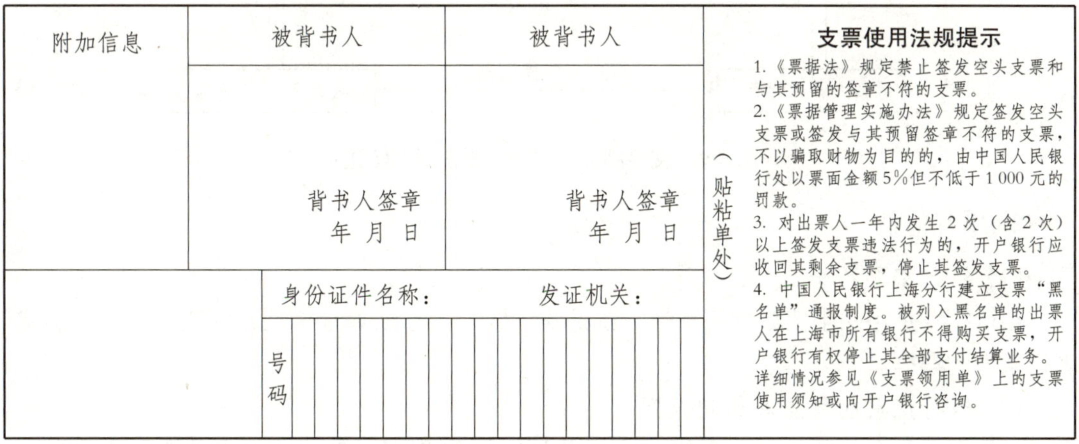
附加信息

被背书人
背书人签章
年 月 日

被背书人
背书人签章
年 月 日

身份证件名称： 发证机关：
号码

（贴粘单处）

支票使用法规提示

1.《票据法》规定禁止签发空头支票和与其预留的签章不符的支票。

2.《票据管理实施办法》规定签发空头支票或签发与其预留签章不符的支票，不以骗取财物为目的的，由中国人民银行处以票面金额 5%但不低于 1 000 元的罚款。

3. 对出票人一年内发生 2 次（含 2 次）以上签发支票违法行为的，开户银行应收回其剩余支票，停止其签发支票。

4. 中国人民银行上海分行建立支票“黑名单”通报制度。被列入黑名单的出票人在上海市所有银行不得购买支票，开户银行有权停止其全部支付结算业务。详细情况参见《支票领用单》上的支票使用须知或向开户银行咨询。

图 2-8 支票反面

(3) 支票的特点和适用范围

支票具有办理简便、使用灵活方便的特点。支票可以在全国范围内互通使用。根据中国人民银行规定，支票全国通用后出票人签发的支票凭证不变，支票的提示付款期限仍为10天；异地使用支票的款项最快可在 2～3 小时之内到达，企业一般在银行受理支票之日起三个工作日内均可到账。为防范支付风险，异地使用支票的单笔金额上限为 50 万元。

(4) 使用支票应注意的主要问题

① 签发支票应使用墨汁或碳素墨水笔填写。未按规定填写而被涂改冒领的，后果由签发人负责。

② 支票一律记名。在签发支票时应写明收款人名称，支票上未记载收款人名称的，经出票人授权，可以补记，未补记前不得背书转让和提示付款。

③ 出票人在签发支票时，签发日期要用汉字填写，且必须填写签发日期，不得签发远期支票。

④ 支票上应填写确定的金额，支票的金额大小写应当一致。支票上未记载金额的，经出票人授权，可以补记，未补记前不得背书转让和提示付款。

⑤ 支票的出票日期、金额和收款人名称如有填错，不得更改，可加盖"作废"戳记将正联和存根一起保管。

⑥ 禁止签发空头支票。空头支票是指出票人签发的金额超过其付款时在银行或其他金融机构实有的存款金额的支票。

⑦ 支票的提示付款期为自出票日起 10 天，到期日如遇法定休假日则顺延。

⑧ 签发支票应加盖预留印鉴。

(5) 办理支票结算业务的流程

支票结算具体流程如图 2-9 所示。

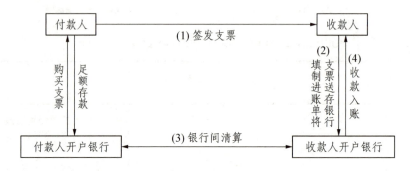

图 2-9　支票结算流程图（不含背书转让）

2. 银行汇票

(1) 银行汇票的含义

银行汇票是指由出票银行签发的，在见票时按照实际结算金额无条件支付给收款人或者持票人的票据。

(2) 银行汇票的特点和适用范围

银行汇票具有使用灵活、票随人到、兑现性强等特点。单位和个人的各种款项的结算，均可使用银行汇票。

（3）使用银行汇票结算方式应注意的主要问题

① 银行汇票一律记名，可以背书转让，但未填写实际结算金额或实际结算金额超过出票金额的银行汇票，不得背书转让。

② 银行汇票的提示付款期为自出票日起一个月。

③ 收款人受理银行汇票时，应在出票金额内，将实际金额和多余金额准确地填入汇票和解讫通知的有关栏目内。

④ 银行汇票的签发日期和金额必须大写，涂改无效。

⑤ 汇款人办理银行汇票时，应先填写“银行汇票委托书”一式三联（图 2-10）。送银行申请办理签发银行汇票，银行受理后，收妥款项，签发银行汇票，并将第二联银行汇票（图 2-11）和第三联解讫通知交给汇款人。

中国 ×× 银行汇票委托书（存根） 1

委托日期　　年　　月　　日

收款人				汇款人	
账号或住址				账号或住址	
兑付地点	省　市县	兑付行		汇款用途	
汇款金额	人民币（大写）				千 百 十 万 千 百 十 元 角 分
备注				科目……………… 对方科目……………… 财务主管　复核　经办	

此联由汇款人留存作记账传票

图 2-10　银行汇票委托书（存根联）

中国 ×× 银行
银 行 汇 票　　2　　10300042 20020646

提示付款期限自出票之日起壹个月

出票日期（大写）　年　月　日		代理付款行：	行号：
收款人：			
出票金额	人民币（大写）		
实际结算金额	人民币（大写）		亿 千 百 十 万 千 百 十 元 角 分
申请人：…………		账号：…………	
出票行：………… 行号：…………		密押：	
备　注：…………		多余金额 千 百 十 万 千 百 十 元 角 分	
凭票付款 出票行签章			复核　记账

此联代理付款行付款后作联行往账借方凭证附件

图 2-11　银行汇票

(4) 办理银行汇票结算业务的流程

银行汇票结算具体流程如图 2-12 所示。

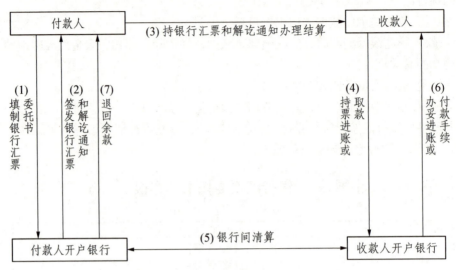

图 2-12　银行汇票结算流程图（不含背书转让）

3. 银行本票

（1）银行本票的含义

银行本票是指银行签发的，承诺在见票时无条件支付确定的金额给收款人或者持票人的票据。

（2）银行本票的分类

银行本票分为定额本票（图 2-13）和不定额本票（图 2-14）两种。其中定额本票的面额有 1 千元、5 千元、1 万元和 5 万元四种，不定额本票则由压数机压印出票金额。

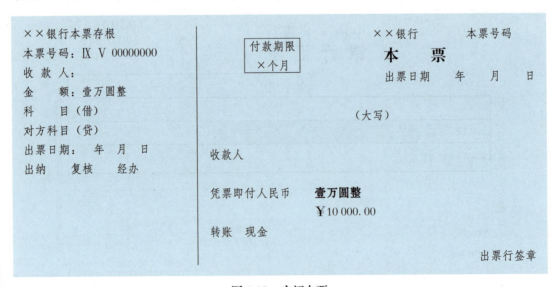

图 2-13　定额本票

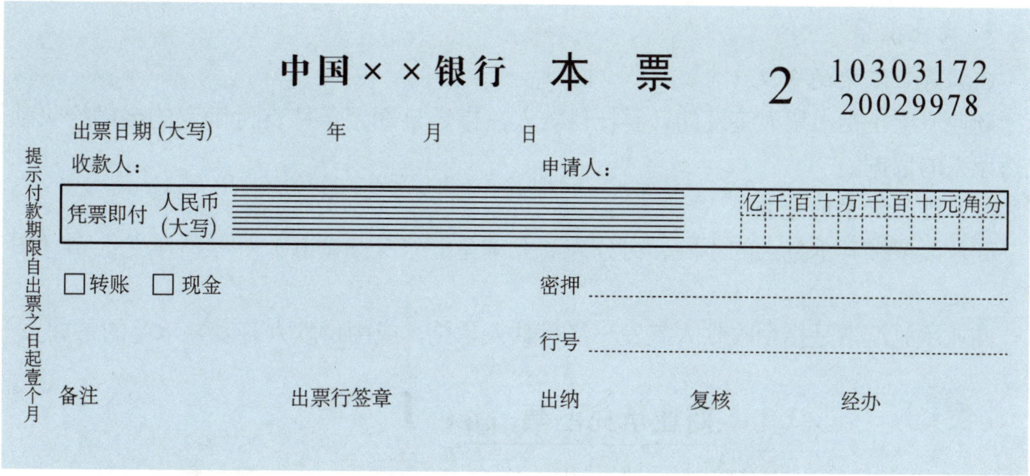

中国××银行 本 票 2 10303172 20029978

出票日期(大写) 年 月 日

收款人： 申请人：

凭票即付	人民币(大写)	亿	千	百	十	万	千	百	十	元	角	分

□转账 □现金 密押

行号

备注 出票行签章 出纳 复核 经办

提示付款期限自出票之日起壹个月

图 2-14 不定额银行本票

(3) 银行本票的适用范围

单位或个人在同一票据交换区域需要支付的各种款项，均可以使用银行本票。

(4) 使用银行本票应注意的主要问题

① 银行本票一律记名，允许在其票据交换区域内背书转让，但注明“现金”字样的银行本票不得背书转让。

② 银行本票提示付款期限自出票日起最长不得超过 2 个月，逾期的银行本票，兑付银行不予受理。

③ 收款单位收到银行本票必须办理全额结算，如有多余款，需用支票或现金退回申请人。

(5) 办理银行本票结算业务的流程

银行本票结算具体流程如图 2-15 所示。

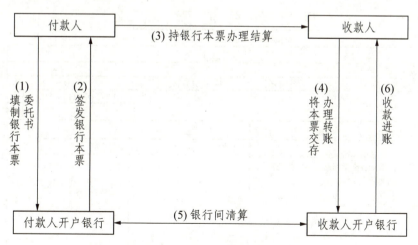

图 2-15 银行本票结算流程图（不含背书转让）

4. 商业汇票

(1) 商业汇票的含义

商业汇票是指出票人签发的，委托付款人在指定日期无条件支付确定的金额给收款人或持票人的票据。

(2) 商业汇票的分类

商业汇票按其承兑人的不同，可分为商业承兑汇票（图 2-16）和银行承兑汇票（图 2-17）。

商业承兑汇票是指由收款人签发、经付款人承兑，或由付款人签发并承兑的票据。

商业承兑汇票（卡片） 1

汇票号码

签发日期 年 月 日 第 号

收款人	全 称		付款人	全 称		
	账 号			账 号		
	开户银行	行号		开户银行		行号
汇 票 金 额	人民币（大写）				千 百 十 万 千 百 十 元 角 分	
汇票到期日	年 月 日		交易合同号码			
本汇票请你单位承兑，并及时将承兑汇票寄交我单位。此致 承兑人　收款人盖章　负责 经办			备注：			

此联承兑人（付款人）留存

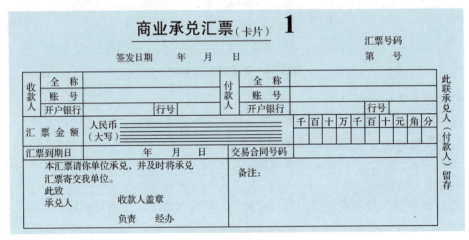

图 2-16　商业承兑汇票

银行承兑汇票是指由收款人或承兑申请人签发，由承兑申请人向开户银行申请，经银行审查同意承兑的票据。

银行承兑汇票（卡片） 1

汇票号码

签发日期 年 月 日 第 号

收款人	全 称		承兑申请人	全 称		
	账 号			账 号		
	开户银行	行号		开户银行		行号
汇 票 金 额	人民币（大写）				千 百 十 万 千 百 十 元 角 分	
汇票到期日	年 月 日					
本汇票请你行承兑，此项汇票款我单位按承兑协议于到期日前足额交存你行，到期请予支付。此致 承兑银行　承兑申请人盖章　年 月 日			承兑协议编号　汇票签发人盖章　负责 经办		交易合同号码　科目（付）……　对方科目（收）……　转账日期 年 月 日　复核 记账	
备注：						

此联承兑行支付票款时作付出传票

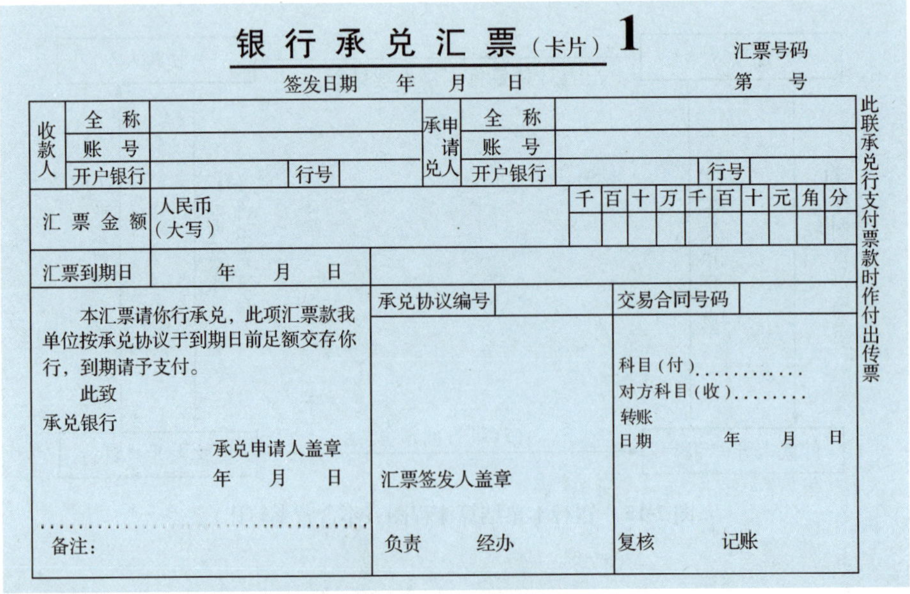

图 2-17　银行承兑汇票

(3) 商业汇票的特点和适用范围

商业汇票具有信用性强和结算灵活的特点。在银行开立账户的法人之间以及其他组织之间根据购销合同进行的商品交易，均可使用商业汇票。

(4) 使用商业汇票应注意的主要问题

① 禁止签发、承兑无真实商品交易关系的商业汇票。

② 商业汇票一律记名，可以背书转让。但出票人在汇票正面写明"不得转让"字样的，不得转让。

③ 商业汇票的付款期限，最长不得超过6个月。付款日期的记载形式有：定日付款（在汇票上记载具体的到期日）、出票后定期付款（汇票到期日填列"出票后×个月付款"）等。

④ 商业汇票的提示付款期限为汇票到期日起10日。

(5) 办理商业汇票结算业务的流程

① 商业承兑汇票结算具体流程如图2-18所示。

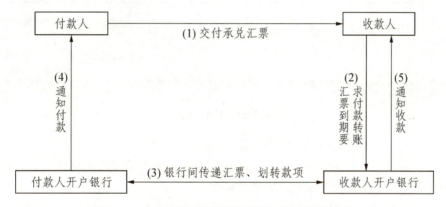

图 2-18　商业承兑汇票结算流程图（不含背书转让）

② 银行承兑汇票结算具体流程如图2-19所示。

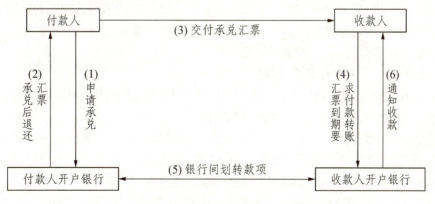

图 2-19　银行承兑汇票结算流程图（不含背书转让）

5. 汇兑

(1) 汇兑的含义

汇兑是指汇款人委托银行将其款项支付给收款人的一种结算方式。

（2）汇兑的分类

汇兑可以分为信汇和电汇两种。

信汇是指汇款人委托银行通过邮寄方式将款项划转给收款人。信汇凭证样张如图2-20所示。

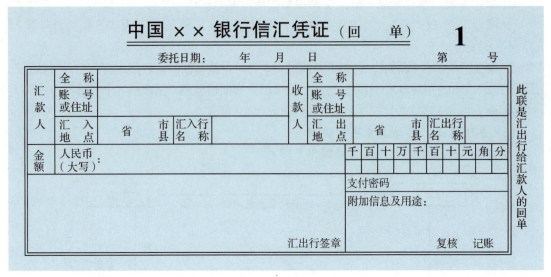

图2-20 信汇凭证

电汇是指汇款人委托银行通过电报将款项划转给收款人。

信汇收费较少，汇款速度慢一些；电汇收费比信汇多，但汇款速度快。办理汇兑是采用信汇还是电汇，可由汇款人根据需要选择使用。

（3）汇兑的特点和适用范围

汇兑结算具有适用范围广、服务面宽、手续简便、划款迅速和灵活易行的特点。该结算方式适用于企业和个人的各种款项的结算，如：企业之间先付款后发货的商品交易；清理交易欠款；企业到外地进行临时、零星采购，汇款至采购地银行开立临时存款户；企业对个人支付的款项（对在异地的退休职工支付工资、医药费等，对在外地的出差人员汇寄差旅费）等，都可采用汇兑方式进行结算。

（4）使用汇兑应注意的主要问题

① 汇款人委托银行办理汇兑，应填写信汇或电汇凭证。上面必须详细填写汇入地点、汇入银行名称、收款人名称、汇款用途等内容，否则银行不予受理。

② 汇款单位到外地采购需分次支取汇款的，应在信汇或电汇凭证上注明"留行待取"字样，并以指定人员作为收款人。当款项汇入采购地后，可在汇入行以收款人的姓名开立临时存款户，分次支取。临时存款账户只付不收，付完清户，不计付利息。

③ 收款人如果经审查认为确不属本单位应收取的款项，可以拒绝接受汇款。汇入银行应立即办理退汇。

④ 收款人支取信、电汇款项的期限为两个月，汇入银行对发出取款通知后两个月仍未被取走的汇款，应主动将款项退给汇出银行、转交汇款人。

⑤ 汇款人和收款人均为个人，需要在汇入银行支取现金的，应在信汇、电汇凭证的汇

款金额前填写"现金"字样。

(5) 办理汇兑结算业务的流程

汇兑结算具体流程如图2-21所示。

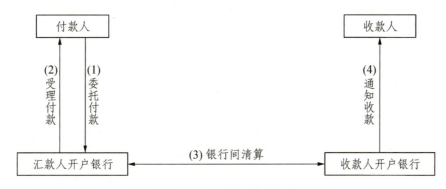

图2-21 汇兑结算流程图

6. 委托收款

(1) 委托收款的含义

委托收款是指收款人委托银行向付款人收取款项的一种结算方式。

(2) 委托收款的分类

委托收款按款项划回方式不同，可分邮寄和电报划回（图2-22）两种，收款单位可根据所收款项到账的快慢要求选择采用。

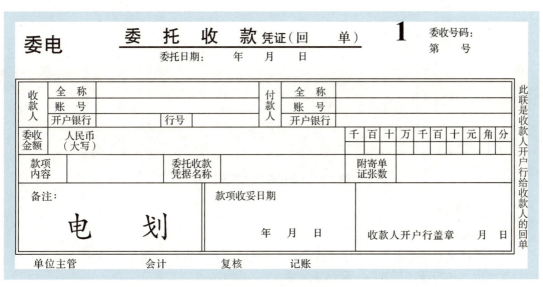

图2-22 委托收款凭证

(3) 委托收款的特点和使用范围

委托收款结算方式具有方便灵活、不受金额起点限制的特点。单位和个人在凭已承兑商业汇票、债券、存单等付款人债务证明办理款项结算时，均可使用委托收款的结算方式。如：水费、电费等事业性收费的结算。

（4）使用委托收款应注意的主要问题

① 收款单位办理委托收款，应向开户银行填写委托收款凭证，并提供收款依据，如：已承兑商业汇票、债券、存单等付款人债务证明。

② 收款单位填制委托收款结算凭证时，应用双面复写纸将一式五联凭证一次套写。按照凭证上所列项目，逐项填写，并在委托收款凭证第二联的"收款人盖章"处加盖收款单位印鉴。

③ 付款单位开户银行接到收款人开户银行转来的委托收款凭证及附件，经审查无误后办理付款。以银行为付款人的，银行应在当日将款项主动支付给收款人；以单位为付款人的，银行应及时通知付款单位，付款人的付款期为3天。

④ 付款单位应于接到付款通知及附件的当日，书面通知银行付款。如果在接到付款通知日的次日起3日内未通知银行付款，银行将视为同意付款。

⑤ 付款人如果拒付，应在付款期内向付款银行提交全部或部分拒付理由书，并由银行转交收款人。

（5）办理委托收款结算业务的流程

委托收款结算具体流程如图 2-23 所示。

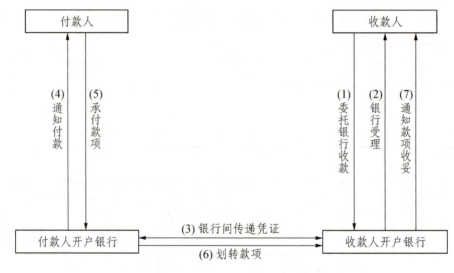

图 2-23　委托收款结算流程图

7. 托收承付

（1）托收承付的含义

托收承付是指根据购销合同由收款单位发货后，委托银行向异地付款单位收取款项，由付款单位向银行承认付款的一种结算方式。

（2）托收承付的分类

托收承付的款项划回方式有邮寄和电报两种，收款单位可按实际需要选择使用。托收承付结算凭证（邮寄）样式如图 2-24 所示。

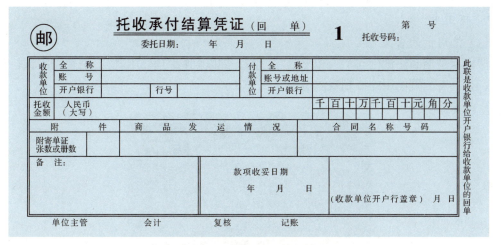

图 2-24 托收承付结算凭证

(3) 托收承付的特点和适用范围

托收承付结算的特点是按购销合同的规定操作，能够有效地保护购销双方的权益。该结算方式适用于异地单位之间订有合同的商品交易及相关劳务款项的结算。

(4) 使用托收承付应注意的主要问题

① 采用托收承付结算方式，要求收、付双方必须签订有符合《中华人民共和国民法典》的购销合同，并在合同上注明采用托收承付方式结算货款。

② 办理托收承付结算的款项必须是商品交易以及因商品交易而产生的劳务供应的款项，每笔的金额起点为 10 000 元，新华书店系统每笔的金额起点为 1 000 元。

③ 代销、寄销、赊销商品的款项，不得办理托收承付结算。

④ 使用托收承付结算方式的收款单位和付款单位必须是国有企业、供销合作社，以及经营管理较好、并经开户银行审查同意的城乡集体所有制工业企业。

⑤ 验单付款的承付期为 3 天，从付款人开户银行发出承付通知的次日算起。验货付款的承付期为 10 天，从承运单位发出提货通知的次日算起。

(5) 办理托收承付结算业务的流程

托收承付结算具体流程如图 2-25 所示。

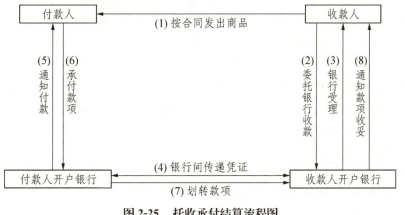

图 2-25 托收承付结算流程图

8. 信用卡

（1）信用卡的含义

信用卡是指商业银行向个人和单位发行的，凭以向特约单位购物、消费和向银行存取现金，且具有消费信用的特制载体卡片（图 2-26）。

图 2-26　信用卡

（2）信用卡的分类

信用卡的种类繁多，按不同的标准划分，可分为以下六大类。

① 按发行机构可分为：银行卡（金融卡）和非银行卡。
② 按发行对象可分为：单位卡和个人卡。
③ 按清偿方式可分为：贷记卡、准贷记卡和借记卡。
④ 按流通范围可分为：国际卡和地区卡。
⑤ 按从属关系可分为：主卡和附属卡。
⑥ 按资信状况可分为：金卡和普通卡。

> **知识窗 2-2**
>
> 　　贷记卡是指发卡银行给予持卡人一定的信用额度，持卡人可在信用额度内先消费后还款的银行卡。
> 　　准贷记卡是指持卡人须先按发卡银行要求交存一定金额的备用金，当备用金账户余额不足支付时，可在发卡银行规定的信用额度内透支的银行卡。
> 　　借记卡是指先存款后消费（或取现）、没有透支功能的银行卡。其按功能不同，又可分为转账卡（含储蓄卡）、专用卡及储值卡。

（3）信用卡的特点和适用范围

信用卡结算方式的特点是使用方便安全，并具有先消费后付款的功能。在特约单位购物、消费及 10 万元以下的商品交易和劳务供应款项的结算可采用信用卡结算，个人卡的持卡人还可以在发卡行或代理银行支取现金。

（4）使用信用卡应注意的问题

① 单位卡的资金一律从基本存款账户转账存入，不得交存现金，不得将销货收入的款项存入其账户。

② 单位卡一律不得支取现金。
③ 单位卡不得用于 10 万元以上商品交易和劳务供应款项的结算。
④ 持卡人不得出租或转借信用卡。
⑤ 持卡人不需要继续使用信用卡的，应到发卡行办理销户。销户时，单位卡账户的余额只能转入基本存款账户，不得提取现金。

（5）办理信用卡结算业务的流程

信用卡结算具体流程如图 2-27 所示。

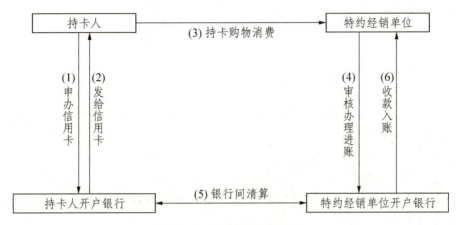

图 2-27　信用卡结算流程图

四、银行存款收支业务的核算

为了总括地反映和监督银行存款收支存的情况，应设置"银行存款"科目。该科目属于资产类科目，收到银行存款时，登记借方；付出银行存款时，登记贷方；期末借方余额表示各单位银行存款的结余数额。

1. 银行存款收入业务的核算

在企业会计核算中，发生银行存款收入业务时，应借记"银行存款"科目，贷记有关科目。

【例1】某企业为一般纳税人，5 月 3 日销售商品一批，价款 30 000 元，增值税 3 900 元，收到购方交来的转账支票（或银行汇票、银行本票），当即送存银行办妥进账手续。应根据增值税专用发票（售货方记账联）和进账单（收账通知联）编制记账凭证，会计分录为：

借：银行存款　　　　　　　　　　　　　　　33 900
　　贷：主营业务收入　　　　　　　　　　　　　　30 000
　　　　应交税费——应交增值税（销项税额）　　　3 900

【例2】5 月 12 日将现金 1 500 元存入银行，应根据缴款单编制记账凭证，会计分录为：

借：银行存款　　　　　　　　　　　　　　　1 500
　　贷：库存现金　　　　　　　　　　　　　　　　1 500

【例3】5 月 15 日取得短期借款 50 000 元，根据银行收账通知及借款单编制记账凭证，会计分录为：

　　借：银行存款　　　　　　　　　　　　　　　50 000
　　　　贷：短期借款　　　　　　　　　　　　　　　　　　50 000

2. 银行存款支出业务的核算

在企业会计核算中，发生银行存款支出业务时，应借记相关科目，贷记"银行存款"科目。

【例4】某企业为一般纳税人，5月20日采购材料一批，采用实际成本核算价款12 000元，增值税1 560元，价税合计款项以转账支票支付，材料未验收入库。应根据增值税专用发票的发票联和转账支票存根编制记账凭证，会计分录为：

　　借：在途物资　　　　　　　　　　　　　　　12 000
　　　　应交税费——应交增值税（进项税额）　　　1 560
　　　　贷：银行存款　　　　　　　　　　　　　　　　　　13 560

【例5】5月25日签发转账支票支付应交消费税4 000元，根据缴税书和支票存根编制记账凭证，会计分录为：

　　借：应交税费——应交消费税　　　　　　　　4 000
　　　　贷：银行存款　　　　　　　　　　　　　　　　　　4 000

【例6】5月30日签发支票支付前欠A公司购货款33 900元，根据支票存根编制记账凭证，会计分录为：

　　借：应付账款——A公司　　　　　　　　　　33 900
　　　　贷：银行存款　　　　　　　　　　　　　　　　　　33 900

五、银行存款日记账

1. 银行存款日记账的设置

银行存款日记账是指按银行存款收支业务发生的先后顺序，逐日逐项连续登记银行存款收支及结存情况的账簿。只要在银行开立结算账户的企业，都应设置银行存款日记账。

银行存款日记账必须采用订本式账簿，在实际工作中其账页格式一般采用"三栏式"，与现金日记账格式相比，增加了"结算凭证"和"对应科目"等栏目。

2. 银行存款日记账的登记

银行存款日记账由出纳人员根据复核无误的通用记账凭证或专用记账凭证（银行存款收款凭证、银行存款付款凭证和送存现金业务的现金付款凭证）及所附银行结算凭证等原始凭证进行登记。

登记的**总体要求**是：数字真实准确，内容完整，书写清楚，摘要简明，登记及时，账证相符，便于查阅，不重、不漏、不错，发生记录错误必须按规定的方法更正，不能乱涂乱改，按时结账，不拖延积压等。

登记的具体要求是：

① 根据复核无误的记账凭证和所附银行结算凭证等原始凭证，按办理收付款业务的时间顺序逐笔登记，最少每天登记一次。

② 所记录的收付款业务内容必须与收付款凭证相一致。
③ 银行存款日记账必须每日结出余额。
④ 必须连续登记,不得跳行、隔页,不得随便更换账簿和撕扯账页。
⑤ 使用蓝黑墨水或碳素墨水书写,文字和数字必须准确无误,清晰整洁。
⑥ 每一账页记完,要按规定办法转页,在最后一行摘要上写"过次页"。
⑦ 记录发生错误时,应根据错误的具体情况,分别采用划线更正法、红字更正法和补充更正法进行更正,不得任意刮擦、挖补、涂改或用褪色药水更正。
⑧ 每月月末,按规定方法结账。

【例7】假设前述【例1】至【例6】是某一企业5月份发生的与银行存款有关的业务。该企业4月初银行存款的余额为150 000元,要求根据【例1】至【例6】的会计凭证登记银行存款日记账并进行月度结账。见表2-3银行存款日记账的登记及结账。(表中凭证号数和结算凭证的号数暂略)

表2-3

银行存款日记账的登记及结账

20××年		凭证号数	摘要	结算凭证		对应科目	收入	支出	结余
月	日			种类	号数				
4	29		承前页				略	略	略
	30	略	略	略	略	略	略	略	150 000
	30		本月合计				200 000	100 000	150 000
5	3	略	销售商品	进账单	略	主营业务收入等	33 900		183 900
	12	略	存入现金	缴款单	略	库存现金	1 500		185 400
	15	略	借入借款	借款单	略	短期借款	50 000		235 400
	20	略	购材料	支票存根	略	在途物资		13 560	221 840
	25	略	交消费税	支票存根	略	应交税费		4 000	217 840
	30	略	还欠款	支票存根	略	应付账款		33 900	183 940
	31		本月合计				85 400	51 460	183 940

3. 银行存款日记账的对账

(1) **银行存款日记账核对的三个主要环节**

一是做到账证相符,即银行存款日记账与记账凭证要相互核对相符;

二是做到账账相符，即银行存款日记账与银行存款总账要相互核对相符；

三是银行存款日记账与银行存款对账单要相互核对，以便准确地掌握各单位可动用的银行存款实有数。

（2）银行存款日记账与银行存款对账单的核对

开户单位与银行核对存款账目，就是将银行存款日记账的记录同银行对账单进行逐笔勾对。对账时如果勾对相符，则在银行存款日记账和对账单上分别做出"√"记号；如果发现银行存款日记账上有记录而对账单上无记录，或对账单上有记录而银行存款日记账上无记录（即未达账项），则不做"√"记号；如果发现有漏记、重记、错记等情况，属于银行对账单差错的，应立即向银行核查，由银行更正，属于本单位差错的，按规定方法进行更正。

银行存款日记账与银行对账单双方余额如果不相符，除记账差错外，还可能是由于未达账项引起的。未达账项是指各单位与开户银行之间，由于银行收付结算凭证在传递过程的时间差，造成一方已登记入账，而另一方尚未入账的账项。未达账项有以下四种情况：

第一，银行已作单位存款增加入账而单位尚未记账的款项。

第二，银行已作单位存款减少入账而单位尚未记账的款项。

第三，单位已作银行存款增加入账而银行尚未记账的款项。

第四，单位已作银行存款减少入账而银行尚未记账的款项。

如果存在未达账项，就会使银行存款日记账和银行对账单反映的存款余额均不是本单位可动用的银行存款实有数。因此，在经过逐笔核对，查明未达账项后，应编制"银行存款余额调节表"，以明确单位银行存款实有数。

"银行存款余额调节表"的编制方法为：在银行存款日记账和开户银行对账单账面余额的基础上，各自加上对方已收我方未收的款项，减去对方已付我方未付的款项，最后求出各自调节后的存款余额。

需要注意的是：① 在无错账和漏账的情况下，调节后相等的存款余额是当日可动用的银行存款实有数；② 调节后的存款余额不相等则一定存在错账或漏账；③ "银行存款余额调节表"不作为记账依据；④ 对于银行已收款记账或付款记账，而单位尚未记账的未达账项，必须等到银行结算凭证到达后，会计人员才能据以编制记账凭证，出纳人员才能据以登记银行存款日记账。

【例8】某企业2017年6月30日银行存款日记账余额为516 581.50元，银行对账单的余额为510 345.50元。经逐笔核对后，发现有以下4笔未达账项：

6月29日，企业委托银行收取的货款46 800元，银行已收妥入账，但企业尚未记账。

6月30日，银行从企业存款户中扣取借款利息30 000元，但企业尚未记账。

6月30日，企业送存的转账支票46 450元，银行尚未记账。

6月30日，企业采购设备开出的转账支票23 414元，持票人尚未向银行办理转账，银行尚未记账。

根据以上资料，编制"银行存款余额调节表"，如表2-4所示。

表 2-4

银行存款余额调节表

2017 年 6 月 30 日　　　　　　　　　　　　　　　　单位：元

项　目	金额	项　目	金额
企业银行存款日记账余额	516 581.50	银行对账单余额	510 345.50
加：银行已收款入账而企业未入账的款项： 银行已代收的货款	46 800.00	加：企业已收款入账而银行未入账的款项： 企业存入的转账支票	46 450.00
减：银行已付款记账而企业未记账的款项： 银行已收取的利息	30 000.00	减：企业已付款记账而银行未记账的款项： 企业已开出的转账支票	23 414.00
调节后存款余额	533 381.50	调节后存款余额	533 381.50

上述调节表中，调节后的存款余额相等，一般可以说明企业和银行记账无错误。调节后的银行存款余额 533 381.50 元，是企业可以动用的银行存款数额。如果调节后双方存款余额仍不相等，那就可能是单位或者银行记账有错误，需要进一步查对，找出原因，进行更正。

第三节　其他货币资金

一、其他货币资金的含义和内容

其他货币资金是指企业除库存现金、银行存款以外的其他各种货币资金，包括**银行汇票存款**、**银行本票存款**、**信用卡存款**、**外埠存款**、**信用证保证金存款**、**存出投资款**等。

银行汇票存款是指企业为取得银行汇票，按照规定存入银行的款项。

银行本票存款是指企业为取得银行本票，按照规定存入银行的款项。

信用卡存款是指企业为取得信用卡，按照规定存入银行的款项。

外埠存款是指企业到外地进行临时或零星采购时，汇往采购地银行开立采购专户的款项。

信用证保证金存款是指企业为取得信用证，按照规定存入银行的保证金。

存出投资款是指企业已存入证券公司但尚未购买股票等投资对象的款项。

知识窗 2-3

信用证的出现是 19 世纪发生的一次国际贸易支付方式上的革命，它是银行用以保证买方（或进口方）有支付能力的凭证。在国际贸易活动中，买卖双方可能互不信任，买方担心预付款后，卖方不按合同要求发货；卖方也担心在发货或提交货运单据后买方不付款。因此需要两家银行作为买卖双方的保证人，代为收款交单，以银行信用代替商业信用。银行在这一活动中所使用的工具就是信用证。

二、其他货币资金的核算

为了反映和监督其他货币资金的增减变化和结存情况，需设置"其他货币资金"科目进行总分类核算，同时在该科目下设置"银行汇票存款"、"银行本票存款"、"信用卡存款"、"外埠存款"、"信用证保证金存款"、"存出投资款"等明细科目进行明细核算。该科目属资产类，借方登记其他货币资金的增加数；贷方登记其他货币资金的减少数；期末余额在借方，表示其他货币资金的结存数额。

1. 银行汇票存款的核算

【例1】

1）某企业为一般纳税人，11月5日向当地开户银行提交"银行汇票申请书"并将款项交存银行，取得银行汇票一张，票面金额为75 000元。财会部门应根据"银行汇票申请书"存根编制记账凭证，会计分录如下：

　　借：其他货币资金——银行汇票存款　　75 000
　　　　贷：银行存款　　　　　　　　　　　　　　75 000

2）11月6日企业利用上述银行汇票采购原材料一批，采用实际成本核算，增值税专用发票上注明价款60 000元，增值税额7 800元，材料在途未到。财会部门应根据增值税专用发票等有关账单凭证编制记账凭证，会计分录如下：

　　借：在途物资　　　　　　　　　　　　60 000
　　　　应交税费——应交增值税（进项税额）　7 800
　　　　贷：其他货币资金——银行汇票存款　　　　67 800

3）11月12日，收到银行转来的"多余款收账通知"，未用完的银行汇票多余金额7 200元已退回。财会部门应根据银行转来的"多余款收账通知"编制记账凭证，会计分录如下：

　　借：银行存款　　　　　　　　　　　　7 200
　　　　贷：其他货币资金——银行汇票存款　　　　7 200

需要注意的是：销售产品的单位在收到银行汇票时，按实际结算金额借记"银行存款"，贷记"主营业务收入"、"应交税费——应交增值税（销项税额）"等。

2. 银行本票存款的核算

【例2】

1）某企业为一般纳税人，12月5日向当地开户银行提交"银行本票申请书"并将款项交存银行，取得银行本票一张，票面金额为24 000元。财会部门应根据"银行本票申请书"存根编制记账凭证，会计分录如下：

　　借：其他货币资金——银行本票存款　　24 000
　　　　贷：银行存款　　　　　　　　　　　　　　24 000

2）12月6日企业利用银行本票采购原材料一批，采用实际成本核算，增值税专用发票上注明价款20 000元，增值税额2 600元，多余票款1 400元由销售单位用现金结清，材料在途未到。财务部门应根据增值税专用发票等有关账单凭证编制记账凭证，会计分录如下：

```
借：库存现金                                    1 400
    在途物资                                   20 000
    应交税费——应交增值税（进项税额）         2 600
    贷：其他货币资金——银行本票存款                    24 000
```

需要注意的是： ① 销售产品的单位在收到银行本票时按实际结算金额借记"银行存款"，贷记"主营业务收入"、"应交税费——应交增值税（销项税额）"等；② 收到银行本票必须办理全额结算，如有多余款，可以现金或支票形式退回。

3. 信用卡存款的核算

【例3】

1) 某企业为一般纳税人，11月1日由基本存款账户向当地开户银行划转款项30 050元（其中信用卡保证金30 000元，手续费50元），取得信用卡一张。财会部门应根据支票存根等凭证编制记账凭证，会计分录如下：

```
借：其他货币资金——信用卡存款               30 000
    财务费用                                     50
    贷：银行存款                                       30 050
```

2) 11月2日企业利用上述信用卡支付招待客户的餐费5 000元。财务部门应根据饭店所开发票等有关账单凭证编制记账凭证，会计分录如下：

```
借：管理费用                                  5 000
    贷：其他货币资金——信用卡存款                       5 000
```

3) 12月31日，收到银行转来的"信用卡存款利息的收账通知"利息金额495元。财会部门应根据银行转来的"信用卡存款利息的收账通知"编制记账凭证，会计分录如下：

```
借：其他货币资金——信用卡存款                  495
    贷：财务费用                                         495
```

需要注意的是： 销售产品的单位在收到信用卡时，刷卡结算后，按实际结算金额借记"银行存款"，贷记"主营业务收入"、"应交税费——应交增值税（销项税额）"、"财务费用"等。

4. 外埠存款的核算

【例4】

1) 某企业为一般纳税人，8月1日企业将款项50 000元委托当地开户银行汇往采购地开立临时账户。财会部门应根据汇出款项凭证，编制记账凭证，会计分录如下：

```
借：其他货币资金——外埠存款                  50 000
    贷：银行存款                                       50 000
```

2) 8月5日外出采购人员采购原材料一批，采用实际成本核算，供货单位所开的增值税专用发票上注明货款40 000元，增值税额5 200元，运杂费200元，外出采购员用外埠存款支付采购款项，材料在途未到。财会部门应根据增值税发票等报账凭证编制转账凭证，会计分录如下：

```
借：在途物资                                 40 200
    应交税费——应交增值税（进项税额）           5 200
```

    贷：其他货币资金——外埠存款   45 400

  3）2017年8月10日采购结束后，多余金额4 600元，由采购地银行转回当地开户银行。企业财会部门应根据开户行转来的多余款收账通知编制记账凭证，会计分录如下：

    借：银行存款   4 600
      贷：其他货币资金——外埠存款   4 600

本章小结

  ◆ 货币资金包括库存现金、银行存款和其他货币资金。

  ◆ 现金即库存现金。企业必须按《现金管理暂行条例》的规定管理现金的收入、支出及限额。必须建立现金收付款业务的内部控制制度。

  ◆ 企业应设置"库存现金"账户进行现金收付业务的核算。收入现金时，借记该账户；支出现金时，贷记该账户。

  ◆ 企业应设置订本式现金日记账，按现金收付业务发生的时间先后顺序逐笔逐日登记现金日记账，并逐日结出余额。做到日清月结，及时进行现金长短款的清查核算。

  ◆ 银行存款账户有基本存款账户、一般存款账户、临时存款账户和专用存款账户四种。其中一般存款账户不能提取现金。

  ◆ 常用银行转账结算方式包括支票、银行汇票、银行本票、商业汇票、汇兑、委托收款、托收承付、信用卡等。不同结算方式的业务流程也不同。

  ◆ 企业应设置"银行存款"账户进行银行存款收付业务的核算。银行存款增加时，借记该账户；银行存款减少时，贷记该账户。

  ◆ 企业应设置订本式银行存款日记账。按银行存款收付发生的时间先后顺序逐笔逐日登记银行存款日记账，并逐日结出余额。

  ◆ 期末应及时进行银行存款日记账和银行存款对账单的核对工作。查出有未达账项，应编制银行存款余额调节表，以明确银行存款的实有数。

  ◆ 其他货币资金主要包括银行本票存款、银行汇票存款、信用卡存款、外埠存款、信用证保证金存款、存出投资款等。

第三章　应收及预付款项

【学习目标】

通过本章学习,掌握应收票据、应收账款、预付账款及其他应收款的概念及其核算;熟悉坏账的概念和坏账的确认条件;熟悉应收款项余额百分比法和账龄分析法。

第一节 应收票据

一、应收票据的相关概念

1. 应收票据的含义

应收票据是指企业因销售商品或提供劳务等而收到的商业汇票。

2. 商业汇票的分类

商业汇票按承兑人的不同,可分为商业承兑汇票和银行承兑汇票;按是否计息,可分为带息的商业汇票和不带息的商业汇票。

3. 应收票据的入账金额

应收票据应在收到商业汇票时,按票面金额入账。票面金额也称面值。

二、应收票据的核算

1. 不带息应收票据的核算

需要注意的是:①企业收到应收票据时按票面金额入账;②不带息应收票据的到期值等于应收票据的面值;③商业承兑汇票到期时,可能会因付款人资金周转困难等原因而无法收到票款。而银行承兑汇票是银行信用,到期时银行承兑,所以不会出现无法收到票款的情况。

【例1】甲公司销售一批商品给 A 公司,商品已发出并开出增值税专用发票,发票上注明销售价款为 30 000 元,增值税税额为 3 900 元。甲公司当日收到 A 公司签发的一张不带息的商业承兑汇票,有效期限为 4 个月。甲公司为一般纳税人,有关账务处理如下:

1) 销售当日取得应收票据的核算

  借:应收票据——A 公司   33 900
    贷:主营业务收入   30 000
      应交税费——应交增值税(销项税额) 3 900

2) 4 个月后应收票据到期,如数收到到期值的核算

  借:银行存款   33 900
    贷:应收票据——A 公司   33 900

3) 4 个月后应收票据到期,无法收到到期值的核算

  借:应收账款——A 公司   33 900
    贷:应收票据——A 公司   33 900

2. 带息应收票据的核算

(1) 带息应收票据期末计息时应计利息的计算方法

我国会计制度规定,带息应收票据在期末应进行计息核算。这里的"期末"通常指 6 月 30 日或 12 月 31 日。

期末应收票据计息时,利息的计算有两种方法。
一是按月计算公式如下:

$$应计利息 = 面值 \times 票面年利率 \times 计息月数 \div 12$$

【例2】某应收票据出票日为3月1日,票据面值为100 000元,票面年利率为6%,双方约定有效期为5个月。则6月30日期末计息时应计利息是多少?

应计利息 = 100 000 × 6% × 4 ÷ 12 = 2 000(元)

二是按日计算公式如下:

$$应计利息 = 面值 \times 票面年利率 \times 计息日数 \div 360$$

计息日数在计算时按"算头不算尾"或"算尾不算头"的原则计算。

【例3】某应收票据出票日为3月17日,票据面值为100 000元,票面年利率为6%,双方约定有效期为5个月。则6月30日期末计息时应计利息是多少?

计息天数 = 31 - 17 + 30 + 31 + 30 = 105(天)

(提示:3月大,共31天;4月小,共30天;5月大,共31天;6月份30天;所以从3月17日至6月30日共计105天)

应计利息 = 100 000 × 6% × 105 ÷ 360 = 1 750(元)

【例4】某应收票据出票日为5月1日,票据面值为100 000元,票面年利率为6%,双方约定有效期为110天。则6月30日期末计息时应计利息是多少?

计息天数 = 31 - 1 + 30 = 60(天)

(提示:5月大,共31天,所以从5月1日至6月30日共60天)

应计利息 = 100 000 × 6% × 60 ÷ 360 = 1 000(元)

(2)带息应收票据到期值的计算方法

按月计算利息时,到期值的计算公式为:

$$到期值 = 面值 + 面值 \times 票面年利率 \times 票据有效月数 \div 12$$

【例5】某应收票据出票日为3月1日,票据面值为100 000元,票面年利率为6%,双方约定有效期为5个月。则8月1日应收票据到期时的到期值是多少?

到期值 = 100 000 + 100 000 × 6% × 5 ÷ 12 = 102 500(元)

按日计算利息时,到期值的计算公式为:

$$到期值 = 面值 + 面值 \times 票面年利率 \times 票据有效天数 \div 360$$

【例6】某应收票据出票日为5月1日,面值为100 000元,票面年利率为6%,双方约定有效期105天。则应收票据的到期值是多少?

到期值 = 100 000 + 100 000 × 6% × 105 ÷ 360 = 101 750(元)

(3)带息应收票据核算中需要注意的关键点

① 企业收到应收票据时按面值入账。

② 带息应收票据期末应进行计息核算,届时根据应计的利息,借记"应收票据",贷记"财务费用"。

③ 带息应收票据的到期值为应收票据的面值加上到期应计利息。

④ 到期时收到票款，应收票据到期值与账面余额的差额，计入"财务费用"账户；到期时无法收到票款，尚未计提的利息不再计提，直接将应收票据的账面余额结转计入"应收账款"。

【例7】甲公司10月1日销售一批商品给A公司，商品已发出并开出增值税专用发票，发票上注明销售价款为30 000元，增值税税额为3 900元。甲公司当日收到A公司签发的一张带息的商业承兑汇票，有效期限为4个月，票面利率为6%。甲公司为一般纳税人，有关账务处理如下：

1) 销售当日取得应收票据的核算

借：应收票据——A公司　　　　　　　33 900
　　贷：主营业务收入　　　　　　　　　　　　　30 000
　　　　应交税费——应交增值税（销项税额）　　3 900

2) 期末应收票据计息的核算

12月31日应计利息 = 33 900 × 6% × 3 ÷ 12 = 508.50（元）

借：应收票据——A公司　　　　　　　508.50
　　贷：财务费用　　　　　　　　　　　　　　　508.50

3) 4个月后应收票据到期，如数收到到期值的核算

到期值 = 33 900 + 33 900 × 6% × 4 ÷ 12 = 34 578（元）

借：银行存款　　　　　　　　　　　　34 578
　　贷：应收票据——A公司　　　　　　　　　　34 408.50
　　　　财务费用　　　　　　　　　　　　　　　169.50

4) 4个月后应收票据到期，无法收到到期值的核算

借：应收账款——A公司　　　　　　　34 578
　　贷：应收票据——A公司　　　　　　　　　　34 578

说明：本教材不介绍应收票据贴现的核算。

知识窗 3-1

应收票据的贴现

企业在经营过程中经常会遇到资金短缺问题，这时企业可以向银行办理应收票据贴现以获取现金。

应收票据贴现是指企业将未到期的商业汇票转让给银行，银行按票据的应收金额扣除一定期间的贴现利息后，将差额付给企业的筹资行为。

应收票据贴现的核算步骤如下：

(1) 计算应收票据到期值。

应收票据到期值 = 应收票据面值 + 应收票据面值 × 票面利率 × 票据有效时间

(2) 计算应收票据贴现息。

应收票据贴现息 = 应收票据到期值 × 银行贴现利率 × 贴现时间

其中，　　　　应收票据贴现时间 ＝ 票据有效时间 － 票据持有时间

(3) 计算应收票据贴现值。

应收票据贴现值 ＝ 应收票据到期值 － 应收票据贴现息

(4) 编制取得贴现的会计分录。

借：银行存款
　　财务费用
　　贷：应收票据

注意：计算各项指标时时间单位必须统一，即年利率乘以年数，月利率乘以月数。在时间单位换算时，一年计 12 个月，一年计 360 天。

第二节　应收账款

一、应收账款的相关概念

1. 应收账款的含义

应收账款是指企业因销售商品或提供劳务等，应向购货单位或接受劳务单位收取的款项，包括买价、增值税款及代购货单位垫付的包装费、运杂费等。

2. 应收账款产生的主要原因

企业发生应收账款，是企业因采用赊销政策导致商品已经销售发出或劳务已经提供而形成的暂未收取的款项。它是交易双方在相互信任的条件下凭发票建立的一种信用。

3. 应收账款的入账金额

应收账款在销售实现时按交易成交的实际金额入账。

二、应收账款的核算

1. 账户设置

企业应设置"应收账款"科目，用于核算企业销售商品或提供劳务等应向购货单位或接受劳务的单位收取的款项。该科目借方登记应收账款的增加数；贷方登记应收账款的减少数；余额在借方，反映尚未收回的应收账款。该账户按购货单位或接受劳务单位的名称设置明细账，如："应收账款——A 公司"。

2. 商业折扣

商业折扣是指企业为了鼓励客户多购商品而在商品标价上给予客户的扣除，即折扣销

售。商业折扣在交易发生前已经确定，不需要在买卖双方的账簿上反映，企业应按**扣除**商业折扣后的净额确认应收账款和销售收入。商业折扣一般用百分数表示，如：给予10％的折扣。

3. 现金折扣

现金折扣是指企业为了鼓励客户早付款而向客户提供的商品价值的减让，即销售折扣。我国现行的企业会计制度规定，企业在确认应收账款时应按**不扣除**现金折扣的实际销售总价入账，即按总价法处理。现金折扣一般用一组分数表示，如：现金折扣条件(2/10，1/20，n/30)。其中 2/10 表示 10 天（含第 10 天）内付款，给予 2％的折扣；1/20 表示 10 天以上 20 天（含第 20 天）以内付款，给予 1％的折扣；n/30 表示 20 天以上 30 天（含第 30 天）以内付款，应付全额，无折扣。

4. 应收账款的核算

需要注意的是：①应收账款核算的原始凭证主要有增值税专用发票、代垫运杂费凭证和银行结算凭证等；②涉及商业折扣时，企业应按扣除商业折扣以后的实际售价确定应收账款的入账价值；③涉及现金折扣时，企业应按不扣除现金折扣的金额确定应收账款的入账价值；④收取货款发生现金折扣应借记"财务费用"。

【例1】A 公司 5 月 10 日向东海厂销售甲商品 200 件，单价 150 元，货款 30 000 元，增值税税额为 3 900 元，价税合计 33 900 元，商品发出时以支票代垫运杂费 500 元。5 月 11 日到开户银行办理委托收款手续，5 月 15 日接银行收账通知，委托收取的账款收讫。A 公司为一般纳税人，有关账务处理如下：

1) 5 月 10 日发出商品代垫运杂费时

根据支票存根编制记账凭证，会计分录为：

借：应收账款——代垫运杂费（东海厂）　　　　500
　　贷：银行存款　　　　　　　　　　　　　　　　　　500

2) 5 月 11 日办妥委托收款手续时

根据增值税专用发票和委托银行收款凭证回单编制记账凭证，会计分录为：

借：应收账款——东海厂　　　　　　34 400
　　贷：主营业务收入　　　　　　　　　　　　　30 000
　　　　应交税费——应交增值税（销项税额）　　3 900
　　　　应收账款——代垫运杂费（东海厂）　　　　500

3) 5 月 15 日接银行通知收妥账款时

根据银行转来的银行结算凭证和收账通知编制记账凭证，会计分录为：

借：银行存款　　　　　　　　　　34 400
　　贷：应收账款——东海厂　　　　　　　　　　34 400

【例2】A 公司 7 月 5 日向长江厂销售甲商品 200 件，价目表的单价为 150 元，A 公司现同意给予长江厂 10％的商业折扣，A 公司适用的增值税税率为 13％，假设销售当日实现但货款尚未收取。7 月 15 日长江厂以转账支票结算应付款。A 公司为一般纳税人，有关环节的账务处理如下：

1) 7月5日销售实现时

根据增值税专用发票编制记账凭证，会计分录为：

借：应收账款——长江厂　　　　　　　　30 510
　　贷：主营业务收入——甲商品　　　　　　　　　　27 000
　　　　应交税费——应交增值税（销项税额）　　　　3 510

提示：主营业务收入 = 200×150×（1-10%）= 27 000（元）；
　　　　销项税 = 27 000×13% = 3 510（元）。

2) 7月15日收到应收款项时

根据进账单回单等编制记账凭证，会计分录为：

借：银行存款　　　　　　　　　　　　　30 510
　　贷：应收账款——长江厂　　　　　　　　　　　　30 510

【例3】A公司8月1日向长江厂销售乙商品100件，价目表的单价为100元，A公司现同意给予长江厂现金折扣，具体条件为（2/10，1/20，n/30），同时现金折扣不考虑增值税，A公司适用的增值税税率为13%，假设销售当日实现但货款尚未收取。A公司为一般纳税人，有关环节的账务处理如下：

1) 8月1日销售实现时

根据增值税专用发票编制记账凭证，会计分录为：

借：应收账款——长江厂　　　　　　　　11 300
　　贷：主营业务收入　　　　　　　　　　　　　　　10 000
　　　　应交税费——应交增值税（销项税额）　　　　1 300

2) 如果8月11日或以前收到应收款项时

根据进账单回单等编制记账凭证，会计分录为：

借：银行存款　　　　　　　　　　　　　11 100
　　财务费用　　　　　　　　　　　　　　　200
　　贷：应收账款——长江厂　　　　　　　　　　　　11 300

提示：由于现金折扣不考虑增值税，所以财务费用 = 10 000×2% = 200（元）。

3) 如果8月21日及以前收到应收款项时

根据进账单回单等编制记账凭证，会计分录为：

借：银行存款　　　　　　　　　　　　　11 200
　　财务费用　　　　　　　　　　　　　　　100
　　贷：应收账款——长江厂　　　　　　　　　　　　11 300

4) 如果8月21以后收到应收款项时

根据进账单回单等编制记账凭证，会计分录为：

借：银行存款　　　　　　　　　　　　　11 300
　　贷：应收账款——长江厂　　　　　　　　　　　　11 300

第三节　预付账款

一、预付账款的相关概念

1. 预付账款的含义

预付账款是指企业按照购货合同规定预先支付给供货单位的款项。

2. 预付账款产生的主要原因

在市场物资供不应求或企业急需某种物资时，往往要通过预付货款的方式来取得所需物资。

3. 预付账款的入账金额

预付账款在款项付出时按所付金额入账。

二、预付账款的核算

1. 账户设置

设置"预付账款"账户，借方登记向供应单位预付的账款和补付的账款；贷方登记收到所购物资时，实际结算的预付账款和退回的多付款。

2. 预付账款的核算

【例】A 公司为一般纳税人，9 月 10 日 A 公司与巨浪公司签订合同订购甲材料 100 公斤，A 公司通过开户银行向巨浪公司预付货款 50 000 元。9 月 15 日 A 公司按期收到订购的甲材料 100 公斤，增值税专用发票上注明货款 50 000 元，增值税税额为 6 500 元，价税合计 56 500 元，A 公司对甲材料按实际成本核算。9 月 16 日预付款不足部分通过开户银行补付给巨浪公司。A 公司有关账务处理如下：

1) 9 月 10 日预付账款时

　　借：预付账款——巨浪公司　　　　　　50 000
　　　　贷：银行存款　　　　　　　　　　　　　　　50 000

2) 9 月 15 日收到 A 材料，按实际成本转账时

　　借：原材料——A 材料　　　　　　　　50 000
　　　　应交税费——应交增值税（进项税额）　6 500
　　　　贷：预付账款——巨浪公司　　　　　　　　56 500

3) 9 月 16 日补付货款时

　　借：预付账款——巨浪公司　　　　　　6 500
　　　　贷：银行存款　　　　　　　　　　　　　　　6 500

如果 9 月 10 日 A 公司预付了 60 000 元，则 A 公司到时应收到退回的多付款 3 500 元。收到退回货款时

　　借：银行存款　　　　　　　　　　　　3 500

贷：预付账款——巨浪公司　　　　　　　　　　　　　3 500

需要注意的是： 预付账款不多的企业付，可以不设置"预付账款"科目，而用"应付账款"科目来核算。即上例中所有的"预付账款"科目由"应付账款"科目替代。

第四节　其他应收款

一、其他应收款的相关概念

1. 其他应收款的含义

其他应收款是指企业发生的除应收账款、应收票据、预付账款、应收股利和应收利息以外的各种应收或暂付的款项。

2. 其他应收款的内容

其他应收款的内容包括：
① 预付给单位内部各部门或个人使用的备用金。
② 应收的各种赔款、罚款。
③ 应收出租包装物的租金。
④ 存出的保证金，如：支付租入包装物的押金。
⑤ 应向职工收回的各种代垫款项。
⑥ 其他应收或暂付给上级单位和所属单位的款项等。

二、其他应收款的核算

1. 账户设置

设置"其他应收款"科目，借方登记发生的各种其他应收款；贷方登记收回的其他应收款；期末余额在借方，反映尚未收回的其他应收款。

2. 其他应收款的核算

企业发生的各项其他应收或暂付款项时，应借记"其他应收款"科目，贷记有关科目；收回时应借记有关科目，贷记"其他应收款"科目。主要业务如下：

（1）**备用金的核算**

备用金是指企业预付给企业内部各部门或个人备作零星开支、差旅费和零星采购的款项。

备用金按管理办法的不同，分为**非定额备用金**和**定额备用金**两种。

非定额备用金是先一次性办理暂借手续，后在报销时全部结清的备用金。

定额备用金是对需要备用金的部门或个人核定定额拨付，并规定报销期限，报销时以现金补足定额。

【例1】A公司车间技术员王海1月15日外出开会预借差旅费1 000元，财务部门以现金支付。1月26日归来后，同意王海报销差旅费800元，王海交回余款200元。A公司有关账务处理如下：

1) 1月15日预支差旅费时
  借：其他应收款——备用金（王海） 1 000
    贷：库存现金 1 000
2) 1月26日报销差旅费和收回余款时
  借：制造费用 800
    贷：其他应收款——备用金（王海） 800
  借：库存现金 200
    贷：其他应收款——备用金（王海） 200

【例2】A公司对销售科实行定额备用金管理制度，规定每月月末报销一次。1月3日拨付现金5 000元作为销售科的定额备用金。1月31日销售科持有关单据报销零星费用支出3 500元，财务科以现金补足其定额。A公司有关账务处理如下：

1) 1月3日拨付备用金时
  借：其他应收款——备用金（销售科） 5 000
    贷：库存现金 5 000
2) 1月31日报销时
  借：销售费用 3 500
    贷：库存现金 3 500

需要注意的是：备用金在报销时应按使用部门的不同，借记有关成本费用科目。其中由车间负担应记入"制造费用"；由行政管理部门负担应记入"管理费用"；由销售部门负担应记入"销售费用"。

（2）**存出保证金的核算**

【例3】A公司1月17日在向B公司租入包装物时，以现金400元支付押金（即存出保证金）。A公司账务处理如下：
  借：其他应收款——B公司 400
    贷：库存现金 400

第五节　坏账及坏账损失

一、坏账和坏账损失的含义

1. 坏账

无法收回或收回的可能性极小的应收款项（包括应收票据、应收账款、预付账款、其他应收款等），称为坏账。

2. 坏账损失

由于应收款项无法收回或收回的可能性极小而造成的损失，称为坏账损失。

二、坏账的确认条件

一般地，企业应收款项符合下列条件之一的，应确认为坏账：

① 因债务人破产或死亡，以其破产财产或遗产清偿后，确实不能收回。
② 因债务单位撤销、资不抵债或现金流量严重不足，确实不能收回。
③ 因发生严重的自然灾害等导致债务单位停产，而在短时间内无法偿付债务，确实无法收回。
④ 因债务人逾期未履行偿债义务超过3年，且有确凿证据证明已无力清偿债务的。

三、坏账损失的核算

1. 坏账损失的核算方法

我国规定，企业应于会计期末对应收款项的账面价值进行检查，对其预计可能产生的坏账损失计提坏账准备。企业坏账损失的核算方法为**备抵法**。

备抵法是指定期估计坏账损失以计提坏账准备计入"资产减值损失"账户，待某一应收款项全部或部分被确认为坏账时，再根据其金额冲减坏账准备，同时转销相应应收款项的一种核算方法。

2. 估计坏账损失的方法

估计坏账损失的方法通常有**应收款项余额百分比法**、**账龄分析法**、**销货百分比法**和**个别认定法**等，上述方法由企业按实际情况自行确定，一经确定不得随意变更。

3. 坏账损失的核算

在备抵法下，企业应设置"坏账准备"科目，贷方登记企业按规定计提的坏账准备数额及收回已转销的坏账；借方登记实际发生的坏账和冲回已多提的坏账准备金额；期末余额一般应在贷方，反映企业已提取但尚未冲转的坏账准备。

> **知识窗 3-2**
>
> 如果企业资产不能够为企业带来经济利益或者带来的经济利益低于其账面价值，那么该项资产就不符合资产的定义，表明资产发生减值，该资产不能再以原账面价值予以确认。否则，会导致企业资产虚增和利润虚增。因此，当企业资产的可收回金额低于其账面价值时，企业应当确认资产减值损失，并把资产的账面价值减记至可收回金额。

（1）应收款项余额百分比法

应收款项余额百分比法是指按会计期末应收款项余额和一定坏账率，估计坏账损失，计提坏账准备的方法。

某年末企业应提取的坏账准备 ＝ 该年末应收款项的余额 × 坏账率
　　　　　　　　　　　　　－ 上年年末应收款项的余额 × 坏账率
　　　　　　　　　　　　　－ 该年坏账准备的贷方发生额 ＋ 该年坏账准备的借方发生额

计算结果为"正"时,借记"信用减值损失——计提的坏账准备",贷记"坏账准备";计算结果为"负"时,借记"坏账准备",贷记"信用减值损失——计提的坏账准备"。

> **知识窗 3-3**
>
> "资产(信用)减值损失"科目核算企业根据资产减值等准则计提各项资产减值准备所形成的损失,按资产减值损失的项目进行明细核算。如:"信用减值损失——计提的坏账准备"、"资产减值损失——计提的存货跌价准备"等。
>
> 企业确定资产发生的减值时,按应减记的金额,借记"信用减值损失"或"资产减值损失",贷记"坏账准备"、"存货跌价准备"、"长期股权投资减值准备"、"固定资产减值准备"、"在建工程——减值准备"、"工程物资——减值准备"、"无形资产减值准备"等科目。企业计提坏账准备、存货跌价准备等后,相关资产的价值又得以恢复,应在原已计提的减值准备金额内,按恢复增加的金额,借记"坏账准备"、"存货跌价准备"等科目,贷记"信用减值损失"或"资产减值损失"。期末,应将"资产(信用)减值损失"余额转入"本年利润"科目,结转后本类科目无余额。

【例1】A企业从2015年年末开始采用应收款项余额百分比法计提坏账准备。2015年年末应收账款余额为400 000元。2016年11月确认无法收回应收账款8 000元,其中甲公司5 000元,乙公司3 000元,2016年年末应收账款余额为500 000元;2017年5月上年已转销乙公司的坏账又如数收回,2017年年末应收账款余额为600 000元,假设坏账准备的提取比例为5‰。公司账务处理如下:

1) 2015年年末计提坏账准备时

借:信用减值损失——计提的坏账准备　　2 000
　　贷:坏账准备　　　　　　　　　　　　　　　　2 000

2) 2016年11月确认坏账损失时

借:坏账准备　　　　　　　　　　　　　8 000
　　贷:应收账款——甲公司　　　　　　　　　　　5 000
　　　　　　　——乙公司　　　　　　　　　　　　3 000

3) 2016年年末计提坏账准备时

2016年年末应提坏账准备 = 500 000×5‰ − 400 000×5‰ + 8 000 = 8 500(元)

借:信用减值损失——计提的坏账准备　　8 500
　　贷:坏账准备　　　　　　　　　　　　　　　　8 500

4) 2017年5月收回上年已核销的乙公司账款

借:应收账款——乙公司　　　　　　　　3 000
　　贷:坏账准备　　　　　　　　　　　　　　　　3 000

同时:

借:银行存款　　　　　　　　　　　　　3 000
　　贷:应收账款——乙公司　　　　　　　　　　　3 000

5) 2017年年末计提坏账准备时

2017 年年末应提坏账准备 = 600 000 × 5‰ − 500 000 × 5‰ − 3 000 = −2 500（元）
　　借：坏账准备　　　　　　　　　　　　　　　　2 500
　　　　贷：信用减值损失——计提的坏账准备　　　　　　2 500

（2）账龄分析法

账龄分析法是指按应收款项账龄（即客户所欠账款的时间）的长短来估计坏账损失，计提坏账准备的方法。

某年末估计坏账损失的金额 = ∑该年末某种账龄的应收款项余额×该账龄的坏账率
某年末应提取的坏账准备 = 该年末估计坏账损失的金额 − 上年末估计坏账损失的金额
**　　　　　　　　　　　− 该年坏账准备的贷方发生额 + 该年坏账准备的借方发生额**

计算结果的处理方法同应收款项余额百分比法。

【例2】A公司从2016年开始采用账龄分析法计提坏账准备，2016年末应收账余额为650 000元，其账龄分析及估计坏账损失的计算如表3-1所示：

表3-1

A 公司年末估计坏账损失计算表
（账龄分析法）
2016 年 12 月 31 日　　　　　　　　　　　　　　金额单位：元

应收账款的账龄 （1）	应收账款的年末余额 （2）	坏账率（%） （3）	估计坏账损失的金额 （4）=（2）×（3）
1 年以内	300 000	1	3 000
1～2 年（含 1 年）	200 000	10	20 000
2～3 年（含 2 年）	100 000	20	20 000
3～4 年（含 3 年）	50 000	50	25 000
合计	650 000		68 000

2017 年 11 月确认无法收回应收账款 8 000 元，其中甲公司 5 000 元，乙公司 3 000 元，2017 年年末应收账款余额为 500 000 元，其账龄分析及估计坏账损失的计算如表3-2所示：

表3-2

A 公司年末估计坏账损失计算表
（账龄分析法）
2017 年 12 月 31 日　　　　　　　　　　　　　　金额单位：元

应收账款的账龄 （1）	应收账款的年末余额 （2）	坏账率（%） （3）	估计坏账损失的金额 （4）=（2）×（3）
1 年以内	200 000	1	2 000
1～2 年（含 1 年）	100 000	10	10 000
2～3 年（含 2 年）	80 000	20	16 000
3～4 年（含 3 年）	20 000	50	10 000
合计	400 000		38 000

A 公司账务处理如下：

1) 2016 年年末提取坏账准备时

借：信用减值损失——计提的坏账准备　　68 000
　　贷：坏账准备　　　　　　　　　　　　　　　　68 000

2) 2017 年 11 月确认坏账损失时

借：坏账准备　　　　　　　　　　　　　8 000
　　贷：应收账款——甲公司　　　　　　　　　　　5 000
　　　　　　　——乙公司　　　　　　　　　　　　3 000

3) 2017 年年末计提坏账准备时

应提坏账准备 = 38 000 - 68 000 + 8 000 = - 22 000（元）

借：坏账准备　　　　　　　　　　　　　22 000
　　贷：信用减值损失——计提的坏账准备　　　　　22 000

需要注意的是： 小企业坏账损失核算与一般企业坏账损失核算的差异主要在于，小企业计提坏账准备时，借记"管理费用"账户，贷记"坏账准备"账户。

【例3】A 企业为小企业，从 2015 年年末开始采用应收款项余额百分比法计提坏账准备。2015 年年末应收账款余额为 400 000 元。2016 年 11 月确认无法收回应收账款 8 000 元，其中甲公司 5 000 元，乙公司 3 000 元，2016 年年末应收账款余额为 500 000 元。2017 年 5 月上年已转销乙公司的坏账又如数收回，2017 年年末应收账款余额为 600 000 元。假设坏账准备的提取比例为 5‰。A 公司账务处理如下：

1) 2015 年年末提取坏账准备时

借：管理费用　　　　　　　　　　　　　2 000
　　贷：坏账准备　　　　　　　　　　　　　　　　2 000

2) 2016 年 11 月确认坏账损失时

借：坏账准备　　　　　　　　　　　　　8 000
　　贷：应收账款——甲公司　　　　　　　　　　　5 000
　　　　　　　——乙公司　　　　　　　　　　　　3 000

3) 2016 年年末计提坏账准备时

2016 年年末应提坏账准备 = 500 000 × 5‰ - 400 000 × 5‰ + 8 000 = 8 500（元）

借：管理费用　　　　　　　　　　　　　8 500
　　贷：坏账准备　　　　　　　　　　　　　　　　8 500

4) 2017 年 5 月收回上年已核销的乙公司账款时

借：应收账款——乙公司　　　　　　　　3 000
　　贷：坏账准备　　　　　　　　　　　　　　　　3 000

同时：

借：银行存款　　　　　　　　　　　　　3 000
　　贷：应收账款——乙公司　　　　　　　　　　　3 000

5) 2017 年年末计提坏账准备时

2017 年年末应提坏账准备 = 600 000 × 5‰ - 500 000 × 5‰ - 3 000 = - 2 500（元）

借：管理费用　　　　　　　　　　　　　2 500

贷：坏账准备　　　　　　　　　　　　　　　　　　　　2 500

> **知识窗 3-4**
>
> **小企业会计准则**（自2013年1月1日起施行）**摘录**
>
> 第十条　应收及预付款项，是指小企业在日常生产经营过程中发生的各项债权，包括：应收票据、应收账款、其他应收款等应收款项和预付账款。
>
> 应收及预付款项应当按照以下规定进行会计处理：
>
> （一）应收及预付款项应当按照实际发生额入账。
>
> （二）应收及预付款项实际发生坏账时，应当作为损失计入当期管理费用，同时冲销应收及预付款项。
>
> 小企业应收及预付款项符合下列条件之一的，减除可收回的金额后确认无法收回的应收及预付款项，可以作为坏账损失：
>
> 1. 债务人依法宣告破产、关闭、解散、被撤销，或者被依法注销、吊销营业执照，其清算财产不足清偿的。
> 2. 债务人死亡，或者依法被宣告失踪、死亡，其财产或者遗产不足清偿的。
> 3. 债务人逾期3年以上未清偿，且有确凿证据证明已无力清偿债务的。
> 4. 与债务人达成债务重组协议或法院批准破产重整计划后，无法追偿的。
> 5. 因自然灾害、战争等不可抗力导致无法收回的。
> 6. 国务院财政、税务主管部门规定的其他条件。

本章小结

◆ 在我国，收到商业汇票是通过"应收票据"加以核算的。商业汇票按承兑人不同分为商业承兑汇票和银行承兑汇票；按是否计息分为不带息商业汇票和带息商业汇票。

◆ 收到商业汇票时，应收票据按面值计价。期末对于带息的商业汇票在计息时，应增加应收票据的账面价值，同时冲减财务费用。其中：

应收票据利息＝应收票据面值×票面利率×计息期间

◆ 到期不能收回的应收票据，应按其账面余额转入应收账款，并不再计提尚未提取的利息。期末计提的利息在备查簿中登记，待实际收回应收款项时再冲减财务费用。

◆ 企业因销售商品款项未收形成应收账款。

◆ 商业折扣是为了鼓励客户多购商品而给予的售前折扣，现金折扣是为了鼓励客户早付款而给予的售后折扣。应收账款应按扣除商业折扣，但不扣除现金折扣的实际成交总额入账。当顾客早付款而给予现金折扣时，发生的现金折扣记入"财务费用"。

◆ 企业代购货单位垫付的包装费、运杂费，也通过"应收账款"加以核算。

◆ 预付款业务不多的企业，可以不设置"预付账款"账户，而用"应付账款"加以核算。

◆ 其他应收款主要包括备用金，应收的各种赔款、罚款，应收包装物的租金，存出保证金，应向职工收回的各种垫付款等。

◆ 坏账指无法收回或收回可能性极小的应收款项。发生坏账而产生的损失称坏账损失。企业应采用备抵法核算坏账损失。

◆ 一般企业应定期查应收款项，采用应收账款余额百分比法、账龄分析法等估计坏账损失，并通过"坏账准备"和"信用减值损失——计提的坏账准备"账户核算。

◆ 小企业应收及预付款项实际发生坏账时，应当作为损失计入当期管理费用，同时冲销应收及预付款项。

第四章 存货

【学习目标】

通过本章学习,掌握存货的概念及范围;掌握按实际成本核算时存货购入的核算和存货发出的计价方法;了解计划成本核算法;熟悉包装物和低值易耗品领用及摊销的核算;了解存货的期末计价;熟悉存货盘存制度和存货清查方法。

第一节 存货概述

一、存货的含义

《企业会计准则——存货》第三条对存货定义如下:"存货,是指企业在日常活动中持有以备出售的产成品或商品、处在生产过程中的在产品、在生产过程或提供劳务过程中耗用的材料和物料等。"具体包括原材料、周转材料(低值易耗品、包装物)、委托加工物资、库存商品等有形资产。这些资产在企业经营管理中处在不断耗用、销售、购买或重置之中,具有鲜明的流动性,是企业流动资产的重要组成部分。

二、存货的确认条件

一项资产符合存货定义,且同时满足以下两个基本条件时,才能被确认为存货。
① 与该存货有关的经济利益很可能流入企业。
② 该存货的成本能够可靠地计量。

需要注意的是:一般而言,判断一项物资是否属于企业存货的基本依据是:存货的法定所有权是否属于企业。即凡在盘存期间,法定所有权属于企业的存货,无论其存放在什么地点或处于什么状态,都应视作企业的存货。反之,凡法定所有权不属于企业的存货,即使该存货尚未远离企业,也不应包括在本企业存货范围之内。如:已经销售但购方尚未提走的商品。

三、存货的分类

存货的分类如表 4-1 所示:

表 4-1

存货分类表

分类依据	具体内容
按存货存放地点分	库存存货
	在途存货
	加工中存货
按经济内容分	原材料
	在产品
	自制半成品
	产成品
	包装物
	低值易耗品
	外购商品等

四、存货的计量

1. 存货的期初计价

我国企业会计制度规定，存货的初始计量方法是：存货在取得时，应当按实际成本入账。

存货取得方式常见的有：购入、接受投资、接受捐赠、自制、委托加工、非货币性交易、债务重组和盘盈等。不同方式取得的存货，其具体的实际成本构成不同，存货成本包括采购成本、加工成本和其他成本。本章主要简述购入、自制、委托加工和盘盈等情况下存货的初始计价。

> **知识窗 4-1**
>
> 《企业会计准则——存货》第六条、第七条、第八条、第九条有如下规定：
>
> 第六条 存货的采购成本，包括购买价款、相关税费、运输费、装卸费、保险费，以及其他可归属于存货采购成本的费用。
>
> 第七条 存货的加工成本，包括直接人工以及按照一定方法分配的制造费用。制造费用，是指企业为生产产品和提供劳务而发生的各项间接费用。企业应当根据制造费用的性质，合理地选择制造费用分配方法。在同一生产过程中，同时生产两种或两种以上的产品，并且每种产品的加工成本不能直接区分的，其加工成本应当按照合理的方法在各种产品之间进行分配。
>
> 第八条 存货的其他成本，是指除采购成本、加工成本以外的，使存货达到目前场所和状态所发生的其他支出。
>
> 第九条 下列费用应当在发生时确认为当期损益，不计入存货成本：
>
> （一）非正常消耗的直接材料、直接人工和制造费用。
>
> （二）仓储费用（不包括在生产过程中为达到下一个生产阶段所必需的费用）。
>
> （三）不能归属于使存货达到目前场所和状态的其他支出。
>
> 提示：这里仓储费用是指企业在存货采购入库后发生的储存费用。

（1）购入存货

其实际成本由买价、运杂费（运输费、装卸费、包装费和仓储费等费用）、运输途中的合理损耗、入库前的整理挑选费等费用及其他应计入成本的相关税费（如：进口关税、小规模纳税人等购货不能抵扣的增值税）构成。

需要注意的是： ①应计入采购成本的各种税费，如不能分清属于哪一种存货负担的，应按存货的重量或买价等比例，分配计入各种存货的采购成本。②商业企业购入商品的进货费用（运输费、装卸费、保险费等）金额较小的，可以在发生时直接计入当期损益；若进货费用金额较大，则应当计入采购商品的成本。

（2）自制存货

其实际成本由制造存货过程中的直接材料、直接人工和制造费用构成，即以制造过程中应计入存货成本的各项实际支出作为实际成本。

（3）委托加工完成的存货

其实际成本由实际耗用的原材料或半成品成本、加工费、往返运杂费等费用及应计入成本的相关税费构成。

（4）盘盈存货

其实际成本为同类或类似存货的市场价格。

2. 存货的发出计价

我国企业会计制度规定，发出存货的日常核算可以采用实际成本法或计划成本法。

在实际成本法下，存货发出的计价方法常见的有：个别计价法、先进先出法、加权平均法（包括月末一次加权平均法和移动加权平均法）等。商品流通企业除了采用上述方法外，还可以采用售价金额法和毛利率法。

在计划成本法下，存货发出按计划成本计价，期末通过成本差异的分配将计划成本调整为实际成本。

3. 存货的期末计价

我国企业会计制度规定，企业存货期末应按成本与可变现净值孰低计量，对可变现净值低于存货成本的差额，应计提存货跌价准备，计入当期损益。

五、存货的盘存制度

存货计量的正确与否，取决于存货计量方法的选择和存货数量的确定。存货的数量通过盘存来确定，常用的盘存制度有两种：**永续盘存制**和**实地盘存制**。

1. 永续盘存制

永续盘存制也称账面盘存制，是指平时在存货明细账上既反映各种存货的收入数量和金额，也反映各种存货的发出数量和金额，并随时可以结出存货结存数量和金额的一种方法。采用这种方法时，为使账面数额与实际库存数额保持一致，需定期或不定期地进行实地盘点。

具体计算公式如下：

期末结存存货数额 ＝ 期初存货数额 ＋ 本期收入存货数额 － 本期发出存货数额

2. 实地盘存制

实地盘存制也称定期盘存制，是指企业平时只在存货明细账中登记存货收入的数量和金额，不计发出数量，期末通过实地盘点确定存货的实际结存数量，然后倒计出本期发出存货数量和金额的一种方法，即以存计销、以存计耗。该盘存方法无法随时提供存货收发存情况，浪费、盗窃和自然损耗易隐藏在存货发出成本中。

具体计算公式如下：

本期发出存货数额 ＝ 期初存货数额 ＋ 本期收入存货数额 － 期末结存存货数额

第二节　原材料

一、原材料的概念

原材料是指企业用于制造产品并构成产品实体或有助于产品形成的物品。它包括原料及主要材料、辅助材料、外购半成品、修理用备件、包装材料、燃料等。

二、原材料的核算方法

1. 原材料按实际成本法核算

原材料按实际成本法核算是指原材料的日常收、发、存核算均按实际成本进行。

在实际成本法下，应设置"**在途物资**"和"**原材料**"两个账户来核算原材料。其中"在途物资"账户用来核算企业购入尚未到达或尚未验收入库的各种材料的实际成本，按供应单位或材料类别设置明细账；"原材料"账户用来反映验收入库材料收、发、存的实际成本，按材料类别设明细账。

2. 原材料按计划成本法核算

原材料按计划成本法核算是指原材料的日常收、发、存核算均按计划成本进行。计划成本与实际成本的差额增设"**材料成本差异**"账户来反映，期末将原材料的计划成本调整为实际成本。

"材料成本差异"账户借方登记材料实际成本大于计划成本的差异额（即超支额）；贷方登记材料实际成本小于计划成本的差异额（即节约额）及发出材料应结转的差异额（结转节约差异时用红字金额，结转超支差异时用蓝字金额）；期末借方余额表示结存材料的超支差异，期末贷方余额表示结存材料的节约差异。

在计划成本法下，应设置"**材料采购**"和"**原材料**"两个账户来核算原材料。其中"材料采购"账户借方用来反映购进材料的实际成本，贷方用来反映结转入库材料的计划成本；"原材料"账户用来反映验收入库材料收、发、存的计划成本。两者均按材料类别设置明细账。

三、原材料购进的核算

1. 原材料购进按实际成本法核算

原材料购进时由于付款和结转入库在时间上不一定同步，所以具体购进业务的账务处理有所不同。

注：以下业务运杂费暂不考虑增值税。

（1）单货同到的核算

【例1】某企业为一般纳税人，购进角钢一批，银行转来的增值税专用发票上注明购入角钢1 000米，每米50元，增值税6 500元，价税合计56 500元，另运杂费凭证一张300元。经审核无误后，以银行存款支付。当日角钢已到，按实际成本结转入库。会计分录如下：

借：原材料——角钢　　　　　　　　　　　　50 300
　　应交税费——应交增值税（进项税额）　　　6 500
　　贷：银行存款　　　　　　　　　　　　　　　　56 800

需要注意的是：若同时购入几种材料，这时共同发生的采购费用就必须在几种材料之间进行分配，具体分配时可按重量的比例分，也可按价值的比例分，分配后分别计入各材料的采购成本中。

具体计算公式为：

$$材料采购费用分配率 = \frac{共同采购费用}{相关材料重量（价值）之和}$$

$$某材料应负担的采购费用 = 采购费用分配率 \times 该材料重量（价值）$$

【例2】某企业为一般纳税人，购入甲、乙两种材料各一批，银行转来专用发票一张，发票上注明甲材料 100 吨，每吨 50 元，增值税 650 元；乙材料 200 吨，每吨 10 元，增值税 260 元；甲、乙两种材料价税合计 7 910 元。另附运杂费凭证一张 600 元。经审核后，所有款项以支票支付（采购费用按重量比例分配）。甲、乙两材料已到，按实际成本结转入库。

要求：

1) 计算甲、乙两材料应负担的采购费用；
2) 编制购入甲、乙两材料的会计分录。

采购费用分配的计算过程如下：

采购费用分配率 $= \dfrac{600}{100+200} = 2$（元/吨）

甲材料应负担的采购费用 $= 2 \times 100 = 200$（元）

乙材料应负担的采购费用 $= 2 \times 200 = 400$（元）

会计分录为：

借：原材料——甲材料	5 200	
——乙材料	2 400	
应交税费——应交增值税（进项税额）	910	
贷：银行存款		8 510

（2）单先到货后到的核算

【例3】某企业为一般纳税人，2 月 5 日购进角钢一批，银行转来专用发票上注明购入角钢 1 000 米，每米 50 元，增值税 6 500 元，价税合计 56 500 元，另运杂费凭证一张 300 元。经审核无误，以商业汇票支付。2 月 8 日收到角钢，按实际成本验收结转入库。有关账务处理如下：

1) 2 月 5 日购货承付时

借：在途物资——角钢	50 300	
应交税费——应交增值税（进项税额）	6 500	
贷：应付票据		56 800

2) 2 月 8 日角钢验收结转入库时

借：原材料——角钢	50 300	
贷：在途物资——角钢		50 300

（3）货先到单后到的核算

【例4】某企业为一般纳税人，2 月 25 日购入甲材料一批，合同价为 20 000 元，甲材料已到，但有关的发票等结算凭证尚未收到，货款尚未支付。2 月 28 日发票等结算凭证仍然未到。3 月 2 日收到增值税专用发票，甲材料货款 20 000 元，增值税税额为 2 600 元，价税合计 22 600 元，经审核无误，以支票支付。同时甲材料按实际成本结转入库。有关账务处理如下：

1）2月25日购入甲材料时

购入的甲材料已到，但发票等结算凭证尚未收到，暂不做账。

2）2月28日（月末）暂估入账时

借：原材料　　　　　　　　　　　　　20 000
　　贷：应付账款　　　　　　　　　　　　　　　20 000

3）3月1日用红字将月末暂估账冲回时

借：原材料　　　　　　　　　　　　　20 000 *
　　贷：应付账款　　　　　　　　　　　　　　　20 000

4）3月2日收到有关结算凭证时

借：原材料　　　　　　　　　　　　　20 000
　　应交税费——应交增值税（进项税额）　2 600
　　贷：银行存款　　　　　　　　　　　　　　　22 600

（4）预付货款购进原材料的核算

【例5】某企业为一般纳税人，向A公司购进原煤50吨，每吨200元。2月15日根据合同以支票预付50%的货款5 000元，2月25日收到A公司开来的增值税专用发票，发票上注明货款10 000元，增值税1 300元，价税合计11 300元，当日以支票支付少付款6 300元。原煤已到，按实际成本结转验收入库。有关会计处理如下：

1）2月15日支付预付款时

借：预付账款——A公司　　　　　　　5 000
　　贷：银行存款　　　　　　　　　　　　　　　5 000

2）2月25日收到发票等结算凭证时

借：原材料——原煤　　　　　　　　　10 000
　　应交税费——应交增值税（进项税额）　1 300
　　贷：预付账款——A公司　　　　　　　　　　11 300

3）2月25日支付少付款时

借：预付账款——A公司　　　　　　　6 300
　　贷：银行存款　　　　　　　　　　　　　　　6 300

需要注意的是：若预付款项比实际结算的款项多，则应由购货方退款。收到退款时应借记"银行存款"，贷记"预付账款"。

2. 原材料购进按计划成本法核算

（1）单货同到的核算

【例6】某企业为一般纳税人，购进角钢一批，银行转来的增值税专用发票上注明购入角钢1 000米，每米50元，增值税6 500元，价税合计56 500元，另附运杂费凭证一张300元。经审核无误，以支票支付。角钢已到，按计划成本结转入库（角钢的计划成本每米60元）。会计分录为：

---

* 注：本书加方框的数字在实务中应为红笔书写。

```
借：材料采购——角钢                          50 300
    应交税费——应交增值税（进项税额）          6 500
    贷：银行存款                                        56 800
```
同时，
```
1) 借：原材料——角钢                         60 000
       贷：材料采购——角钢                             60 000
2) 借：材料采购——角钢                          9 700
       贷：材料成本差异——角钢                          9 700
```
或1) 和2) 合并，即：
```
借：原材料——角钢                            60 000
    贷：材料采购——角钢                              50 300
        材料成本差异——角钢                           9 700
```

（2）单先到货后到的核算

【例7】某企业为一般纳税人，2月5日购进角钢一批，银行转来的增值税专用发票上注明购入角钢1 000米，每米50元，增值税6 500元，价税合计56 500元，另附运杂费凭证一张300元。经审核无误，以商业汇票支付。2月8日收到角钢，按计划成本验收结转入库（角钢的计划成本每米60元）。有关账务处理如下：

1) 2月5日购货承付时
```
借：材料采购——角钢                          50 300
    应交税费——应交增值税（进项税额）          6 500
    贷：应付票据                                        56 800
```
2) 2月8日角钢验收结转入库时
```
借：原材料——角钢                            60 000
    贷：材料采购——角钢                              50 300
        材料成本差异——角钢                           9 700
```

（3）货先到单后到的核算

【例8】某企业为一般纳税人，2月25日购入甲材料一批，合同价为20 000元，甲材料已到，但有关的发票等结算凭证尚未收到，货款尚未支付。2月28日发票等结算凭证仍然未到。3月2日收到增值税专用发票，甲材料买价20 000元，增值税税额为2 600元，经审核无误，以支票支付。同时甲材料按计划成本结转入库，该批甲材料的计划成本为18 000元。有关账务处理如下：

1) 2月25日购入甲材料时

　　购入的甲材料已到，但发票等结算凭证尚未收到，暂不做账。

2) 2月28日（月末）暂估入账时
```
借：原材料                                  20 000
    贷：应付账款                                      20 000
```
3) 3月1日用红字将月末暂估账冲回时
```
借：原材料                                  20 000
```

　　　　　贷：应付账款　　　　　　　　　　　　　　　　　　　　20 000
　4）3月12日收到有关结算凭证时
　　　借：材料采购——甲材料　　　　　　　　20 000
　　　　　应交税费——应交增值税（进项税额）　2 600
　　　　　贷：银行存款　　　　　　　　　　　　　　　　　　　　22 600
　　　借：原材料——甲材料　　　　　　　　　18 000
　　　　　材料成本差异——甲材料　　　　　　2 000
　　　　　贷：材料采购——甲材料　　　　　　　　　　　　　　　20 000

（4）预付货款购进原材料的核算

【例9】某企业为一般纳税人，向A公司购进原煤50吨，每吨200元。2月15日根据合同以支票预付50%的货款5 000元，2月25日收到A公司开来的增值税专用发票，发票上注明货款10 000元，增值税1 300元，价税合计11 300元，当日以支票支付少付款6 300元。原煤按计划成本结转验收入库，原煤的计划成本为每吨180元。有关账务处理如下：

　1）2月15日支付预付款时
　　　借：预付账款——A公司　　　　　　　　5 000
　　　　　贷：银行存款　　　　　　　　　　　　　　　　　　　　5 000
　2）2月25日收到发票等结算凭证时
　　　借：材料采购——原煤　　　　　　　　　10 000
　　　　　应交税费——应交增值税（进项税额）　1 300
　　　　　贷：预付账款——A公司　　　　　　　　　　　　　　　11 300
　　　借：原材料——原煤　　　　　　　　　　9 000
　　　　　材料成本差异——原煤　　　　　　　1 000
　　　　　贷：材料采购——原煤　　　　　　　　　　　　　　　　10 000
　3）2月25日支付少付款时
　　　借：预付账款——A公司　　　　　　　　6 300
　　　　　贷：银行存款　　　　　　　　　　　　　　　　　　　　6 300

四、原材料发出的核算

1. 原材料发出按实际成本法核算

　　一般来说，企业原材料的发出较为频繁，通常按材料领用部门及用途的不同对材料耗用情况进行汇总，编制材料耗用汇总表；然后根据材料耗用汇总表编制原材料发出的会计分录，借记有关成本费用科目，贷记"原材料"科目。其中，生产产品领用借记"生产成本"，车间一般耗用借记"制造费用"，销售部门领用借记"销售费用"，行政部门领用借记"管理费用"。

　　【例10】某企业为一般纳税人，其原材料采用实际成本法核算，2017年5月份原材料耗用情况如表4-2所示：

表 4-2

原材料耗用汇总表

2017 年 5 月 31 日　　　　　　　　　　　　　　　　　　　　　　　单位：元

材料用途	A 材料	B 材料	合计金额
生产甲产品	120 000	80 000	200 000
生产乙产品	100 000	50 000	150 000
车间一般耗用	6 000	4 000	10 000
行政管理部门耗用	2 000	3 000	5 000
销售机构耗用	7 000	5 000	12 000
合计金额	235 000	142 000	377 000

根据上表，账务处理如下：

借：生产成本——甲产品　　　　　200 000
　　　　　　——乙产品　　　　　150 000
　　制造费用　　　　　　　　　　 10 000
　　管理费用　　　　　　　　　　　5 000
　　销售费用　　　　　　　　　　 12 000
　　贷：原材料——A 材料　　　　　　　　　235 000
　　　　　　——B 材料　　　　　　　　　　142 000

表 4-2 中发出材料成本的计算方法有多种。可以选择个别计价法、先进先出法、加权平均法等，但方法一经选定不得随意变更，即要遵守可比性的会计质量要求。

（1）个别计价法

个别计价法是指原材料发出时认定每件或每批材料的实际单价，以计算该件或该批材料发出成本的方法。

采用个别计价法能随时结转发出材料成本，但计算工作量大，适用于能分清批别的材料。具体计算公式为：

$$本期发出材料成本 = \sum 发出材料数量 \times 该件(批)材料单价$$

$$期末结存材料成本 = 期初材料成本 + 本期收入材料成本 - 本期发出材料成本$$

【例 11】某企业 A 材料购进和发出情况如下：

假设 5 月 1 日 A 材料结存金额为 0。

5 月 3 日购进 1 000 斤，每斤 2 元，编号 01；

5 月 5 日购进 500 斤，每斤 2.5 元，编号 02；

5 月 10 日发出 800 斤，其中 01 号 500 斤，02 号 300 斤；

5 月 20 日购进 600 斤，每斤 3 元，编号 03；

5 月 30 日发出 500 斤，其中 03 号 400 斤，01 号 100 斤。

要求用个别计价法完成以下项目的计算。

1) 计算 5 月 10 日 A 材料的发出成本；

2) 计算 5 月份 A 材料的发出总成本；

3）计算 5 月末 A 材料的结存成本。

解答：

5 月 10 日 A 材料的发出成本 = 500×2 + 300×2.5 = 1 750（元）

5 月份 A 材料的发出总成本 = 1 750 + 400×3 + 100×2 = 3 150（元）

5 月末 A 材料的结存成本 = 1 000×2 + 500×2.5 + 600×3 − 3 150 = 1 900（元）

（2）先进先出法

先进先出法是指材料成本结转顺序以"先入库先发出"为原则，具体指发出材料以先入库材料的单价进行计价，从而确定发出材料成本的方法。

采用先进先出法，期末结存材料成本反映的是近期入库材料的成本，因而期末结存成本近于市场价。同时该方法能随时结转发出材料成本，但计算工作量大，适用于收发材料次数不多的材料计价。

【例12】采用【例11】中的资料，要求用先进先出法完成以下各项目的计算。

1）5 月 10 日 A 材料的发出成本；

2）5 月份 A 材料的发出总成本；

3）5 月末 A 材料的结存成本。

解答：

表 4-3

原材料明细账

（先进先出法）

材料种类：A 材料

2017年		凭证号	摘要	收入			发出			结存		
月	日			数量（斤）	单价（元）	金额（元）	数量（斤）	单价（元）	金额（元）	数量（斤）	单价（元）	金额（元）
5	1		期初余额									0
	3	略	购进	1 000	2	2 000				1 000	2	2 000
	5	略	购进	500	2.5	1 250				1 000 500	2 2.5	2 000 1 250
	10	略	发出				800	2	1 600	200 500	2 2.5	400 1 250
	20	略	购进	600	3	1 800				200 500 600	2 2.5 3	400 1 250 1 800
	30	略	发出				200 300	2 2.5	1 150	200 600	2.5 3	500 1 800
	31		本月合计	2 100		5 050	1 300		2 750	200 600	2.5 3	500 1 800

通过表 4-3 的计算可得出：

5 月 10 日发出 A 材料成本 = 1 600（元）

5 月份发出 A 材料总成本 = 2 750（元）

5 月末结存 A 材料成本 = 2 300（元）

（3）月末一次加权平均法

月末一次加权平均法是指期末综合计算材料的加权平均单价，然后根据发出材料的数量来确定发出材料成本的方法。采用加权平均法不能随时结转发出材料成本，月末计算工作量较大，适用于前后材料单价相差幅度较大的材料发出成本的计算。

计算公式为：

$$加权平均单价 = \frac{期初结存材料成本 + 本期收入材料成本}{期初结存材料数量 + 本期收入材料数量}$$

加权平均单价若能整除，则

$$发出材料成本 = 发出材料数量 \times 加权平均单价$$

加权平均单价若不能整除，则

$$发出材料成本 = 期初结存材料成本 + 本期收入材料成本 - 期末结存材料成本$$

其中：

$$期末结存材料成本 = 期末结存材料数量 \times 加权平均单价$$

【例 13】采用【例 11】中的资料，要求用月末一次加权平均法完成以下各项目的计算。

1）5 月份 A 材料的加权平均单价；

2）5 月份 A 材料的发出成本；

3）5 月末 A 材料的结存成本。

解答：

表 4-4

原材料明细账

（月末一次加权平均法）

材料种类：A 材料

2017 年		凭证号	摘要	收入			发出			结存		
月	日			数量（斤）	单价（元）	金额（元）	数量（斤）	单价（元）	金额（元）	数量（斤）	单价（元）	金额（元）
5	1		期初余额									0
	3	略	购进	1 000	2	2 000				1 000		
	5		购进	500	2.5	1 250				1 500		
	10		发出				800			700		
	20		购进	600	3	1 800				1 300		
	30		发出				500			800		
	31		本月合计	2 100		5 050	1 300		3 126.16	800	2.404 8	1 923.84

加权平均单价 = $\dfrac{2\,000+1\,250+1\,800}{1\,000+500+600} \approx 2.404\,8$（元/斤）

5 月末结存 A 材料成本 = 800×2.404 8 = 1 923.84（元）

5 月份发出 A 材料总成本 = 0 + 5 050 − 1 923.84 = 3 126.16（元）

2. 原材料发出按计划成本法核算

在计划成本法中由于原材料按计划成本入库，所以原材料发出时，先按计划成本根据不同用途，借记"生产成本"、"制造费用"、"管理费用"、"销售费用"等账户，贷记"原材料"账户。到期末计算材料成本差异率，并将原材料发出成本由计划成本调整为实际成本。

具体计算公式如下：

① 材料成本差异率 = $\dfrac{\text{期初结存材料成本差异} + \text{本期收入材料成本差异}}{\text{期初结存材料计划成本} + \text{本期收入材料计划成本}} \times 100\%$

② 发出材料应负担的成本差异 = 发出材料的计划成本 × 材料成本差异率

③ 发出材料的实际成本 = 发出材料的计划成本 + 发出材料应负担的成本差异

④ 结存材料应负担的成本差异 = 期初结存材料成本差异 + 本期收入材料成本差异 − 发出材料应负担的成本差异

⑤ 结存材料的实际成本 = 结存材料的计划成本 + 结存材料应负担的成本差异

需要注意的是：上述公式中材料成本**贷方差异（节约额）用负数计算**，材料成本**借方差异（超支额）用正数计算**。若发出材料应负担的成本差异为负数，则调整处理如下：

借：生产成本
　　制造费用　　　　　　　　　　　　　　（红字金额）
　　管理费用等
　　　贷：材料成本差异　　　　　　　　　　　　　　（红字金额）

若发出材料应负担的成本差异为正数，则调整处理如下：

借：生产成本
　　制造费用　　　　　　　　　　　　　　（蓝字金额）
　　管理费用等
　　　贷：材料成本差异　　　　　　　　　　　　　　（蓝字金额）

【例14】 某企业原材料采用计划成本法核算，为了简化计算，该企业将 A 材料和 B 材料的成本差异合并为一类加以反映。2017 年 5 月"材料成本差异"账户的期初余额为借方 400 元，"原材料"账户期初余额为 120 000 元，本月收入材料的计划成本为 380 000 元，本月收入材料的材料成本差异为节约 2 000 元，原材料耗用情况如表 4-5 所示。

表 4-5

原材料耗用汇总表

2017 年 5 月 31 日　　　　　　　　　　　　　　　　　　　　　单位：元

材料用途	A 材料	B 材料	合计金额
生产甲产品	120 000	80 000	200 000
生产乙产品	100 000	50 000	150 000
车间一般耗用	6 000	4 000	10 000
行政管理部门耗用	2 000	3 000	5 000
销售机构耗用	7 000	5 000	12 000
合计金额	235 000	142 000	377 000

要求：

1）编制发出材料的会计分录；

2）计算材料成本差异率、发出材料应负担的材料成本差异和结存材料的材料成本差异；

3）编制结转发出材料成本差异的会计分录；

4）计算发出材料的实际成本；

5）计算期末结存材料的实际成本。

解答：

1）根据原材料耗用汇总表，编制发出材料的会计分录

　　借：生产成本——甲产品　　　　　200 000
　　　　　　　　　——乙产品　　　　　150 000
　　　　制造费用　　　　　　　　　　　10 000
　　　　管理费用　　　　　　　　　　　　5 000
　　　　销售费用　　　　　　　　　　　12 000
　　　　贷：原材料——A 材料　　　　　　　　　235 000
　　　　　　　　　——B 材料　　　　　　　　　142 000

2）计算材料成本差异率、发出材料应负担的材料成本差异和结存材料应负担的材料成本差异

$$材料成本差异率 = \frac{400 + (-2\ 000)}{120\ 000 + 380\ 000} \times 100\% = -0.32\%$$

发出材料应负担的材料成本差异 = 377 000 × (-0.32%) = -1 206.4（元）

期末结存材料的材料成本差异 = 400 + (-2 000) - (-1 206.4) = -393.6（元）

3）编制发出材料成本差异结转的会计分录

　　借：生产成本——甲产品　　　　　640
　　　　　　　　　——乙产品　　　　　480
　　　　制造费用　　　　　　　　　　　32
　　　　管理费用　　　　　　　　　　　16

　　　　销售费用　　　　　　　　　　　38.4
　　　　　贷：材料成本差异　　　　　　　　　　1 206.4

提示：

计入"生产成本——甲产品"的差异 = 200 000 ×（-0.32%）= -640（元）；

计入"生产成本——乙产品"的差异 = 150 000 ×（-0.32%）= -480（元）；

计入"制造费用"的差异 = 10 000 ×（-0.32%）= -32（元）；

计入"管理费用"的差异 = 5 000 ×（-0.32%）= -16（元）；

计入"销售费用"的差异 = 12 000 ×（-0.32%）= -38.4（元）。

4）计算发出材料的实际成本

发出材料的实际成本 = 377 000 +（-1 206.4）= 375 793.6（元）

5）计算结存材料的实际成本

结存材料的实际成本 =（120 000 + 380 000 - 377 000）+（-393.6）= 122 606.4（元）

五、原材料购进短缺毁损及盘盈盘亏的核算

1. 原材料购进发生短缺毁损的核算

企业购进原材料如果发生短缺毁损应分别按情况处理。

情况一： 属于运输途中的合理损耗（如：购入中的自然损耗），不另作账务处理。原材料的总成本不变，但原材料的单位成本提高。

【例15】某企业为一般纳税人，6月3日购入甲材料1 000公斤，每公斤30元，增值税专用发票上注明买价30 000元，增值税3 900元，价税合计33 900元，货款以商业汇票结算。6月8日甲材料到达，验收时短缺10公斤，是运输途中的合理损耗，甲材料按实际成本结转入库。有关账务处理如下：

1）6月3日购入承付时

　　借：在途物资——甲材料　　　　　　　30 000
　　　　应交税费——应交增值税（进项税额）　3 900
　　　　　贷：应付票据　　　　　　　　　　　　33 900

2）6月8日验收结转入库时

　　借：原材料——甲材料　　　　　　　　30 000
　　　　　贷：在途物资——甲材料　　　　　　　30 000

该批甲材料的单位成本 = 30 000 ÷（1 000 - 10）≈ 30.30（元/公斤）

情况二： 属于购入中的不合理损耗（如：过失单位或个人造成的材料短缺），应冲减购进材料的实际成本。

情况三： 属于购入中发生自然灾害等非正常原因造成的短缺毁损，应暂作为待处理财产损溢进行核算，待查明原因后再处理。

2. 原材料发生盘盈盘亏的核算

【例16】某公司仓库转来原材料盘盈盘亏报告表，见表4-6（表中有关人员签章略）所示。

表 4-6

原材料盘盈盘亏报告表

2017 年 6 月 30 日

填报部门：甲仓库　　　　　　　　　　　　　　　　　　　　　　　　　金额：元

货号	品名规格	计量单位	单价	账存数量	实存数量	盘盈		盘亏		备注
						数量	金额	数量	金额	
101	A 材料	吨	20	50	48			2	40	自然毁损
302	B 材料	斤	25	100	102	2	50			自然升溢
合计						2	50	2	40	

有关账务处理如下（假设不考虑增值税）：

1）调整账目，使账实相符

　　借：原材料——B 材料　　　　　　　　　　　　　50
　　　　贷：待处理财产损溢——待处理流动资产损溢　　　　　50
　　借：待处理财产损溢——待处理流动资产损溢　　40
　　　　贷：原材料——A 材料　　　　　　　　　　　　　　　40

2）审批转销时

① 盘盈 B 材料属于自然升溢，经批准冲减管理费用

　　借：待处理财产损溢——待处理流动资产损溢　　50
　　　　贷：管理费用　　　　　　　　　　　　　　　　　　　50

② 盘亏 A 材料属于自然亏损，经批准计入管理费用

　　借：管理费用　　　　　　　　　　　　　　　　40
　　　　贷：待处理财产损溢——待处理流动资产损溢　　　　　40

需要注意的是：① 因管理不善造成的存货被盗、丢失、霉烂变质产生的盘亏或毁损，按规定应当将已抵扣的增值税进项税额转出，即：

　　借：待处理财产损溢——待处理流动资产损溢
　　　　贷：原材料等
　　　　　　应交税费——应交增值税（进项税额转出）

② 因自然灾害、计量收发差错、一般经营损耗等其他情形，则不需要进行进项税额转出，即：

　　借：待处理财产损溢——待处理流动资产损溢
　　　　贷：原材料等

③ 审批转销时，根据造成存货盘亏或毁损的原因，处理如下：

　　借：管理费用←（管理不善或计量收发差错）
　　　　营业外支出←（自然灾害等非常损失）
　　　　其他应收款←（责任人或保险公司赔款）
　　　　原材料←（回收残料价值）
　　　　贷：待处理财产损溢——待处理流动资产损溢

第三节　包装物

一、包装物概述

1. 包装物的含义

包装物是指为包装本企业商品而储备的各种包装容器，如：箱、桶、坛、袋、瓶等。

2. 包装物的核算范围

包装物种类繁多，按现行会计制度的规定，在会计处理中通过"周转材料——包装物"科目、"包装物"科目或"包装物及低值易耗品"科目核算的包装物内容有：

① 生产过程领用作为产品组成部分的包装物。
② 随产品出售单独计价的包装物。
③ 随产品出售不单独计价的包装物。
④ 在销售中出租给购货方使用的包装物。
⑤ 在销售中出借给购货方使用的包装物。

需要注意的是： 只用于储存保管商品不对外出售的包装物，应按使用年限和价值大小分别列入"周转材料——低值易耗品"账户或"固定资产"账户；各种包装材料和一次性包装物，列入"原材料"账户；作为库存商品经营的包装物则应列入"库存商品"账户。

> **知识窗 4-2**
>
> "周转材料"科目核算企业周转材料的计划成本或实际成本，包括包装物、低值易耗品，以及企业（建造承包商）的钢模板、木模板、脚手架等。企业的包装物、低值易耗品，也可以单独设置"包装物"、"低值易耗品"科目进行核算。对于可多次使用的周转材料，在分次摊销法下，"周转材料"科目可按周转材料的种类，并分别设置"在库"、"在用"和"摊销"进行明细核算。

二、包装物的核算

1. 包装物购进的核算

包装物购进的核算与原材料购进的核算类似。

注：以下业务运杂费暂不考虑增值税。

【例1】A 企业为一般纳税人，购进包装商品用纸箱一批 1 000 只，单价 2 元，增值税 260 元，运杂费 100 元。所有价款以银行存款支付。纸箱已到，按实际成本核算，验收结转入库。会计分录为：

借：周转材料——包装物（纸箱）　　　　　2 100
　　应交税费——应交增值税（进项税额）　　260
　　贷：银行存款　　　　　　　　　　　　　　　　2 360

2. 包装物领用与摊销的核算

包装物领用后在使用过程中会因磨损而使其价值逐渐减少，这部分减少的价值称为包装物摊销。在会计实务中，包装物摊销可以采用**一次摊销法**或**分次摊销法**进行，摊销额计入相关资产的成本或当期损益。

多次使用的包装物应当根据使用次数分次进行摊销。分次摊销法是指包装物成本在领用时分次平均转入相关的成本费用账户。

（1）生产领用包装物作为产品的组成部分

【例2】某企业一车间在生产过程中领用纸箱一批400只，实际成本为3 000元，用于生产甲产品。会计分录为：

借：生产成本——甲产品　　　　　　　　　　3 000
　　贷：周转材料——包装物（纸箱）　　　　　　　　3 000

（2）销售中领用不单独计价的包装物

【例3】甲公司在销售洗洁精时领用随商品出售不单独计价的塑料桶100只，每只25元，共2 500元。会计分录为：

借：销售费用　　　　　　　　　　　　　　　2 500
　　贷：周转材料——包装物（塑料桶）　　　　　　　2 500

（3）销售中领用单独计价的包装物

【例4】A公司为一般纳税人，近日出售空调时，随货出售新的高级塑料箱一批1 600元，增值税208元，价税合计1 808元，收到支票一张，存入银行。该批塑料箱实际成本1 000元。有关会计分录如下：

1）收到支票时

借：银行存款　　　　　　　　　　　　　　　1 808
　　贷：其他业务收入　　　　　　　　　　　　　　　1 600
　　　　应交税费——应交增值税（销项税额）　　　　208

2）结转包装物销售成本时

借：其他业务成本　　　　　　　　　　　　　1 000
　　贷：周转材料——包装物（塑料箱）　　　　　　　1 000

> **知识窗 4-3**
>
> 根据《企业会计准则——应用指南》的规定，"其他业务成本"科目核算企业确认的除主营业务活动以外的其他经营活动所发生的支出，包括销售材料的成本、出租固定资产的折旧额、出租无形资产的摊销额、出租包装物的成本或摊销额等。

（4）出租包装物

经营中因销售商品往往需要将包装物出租给购方暂时使用。出租包装物要收取一定数额的押金和租金，使用中还可能发生修理费用，使用完毕归还。

收押金时，借记"银行存款"账户，贷记"其他应付款"账户；

收租金时，借记"银行存款"账户，贷记"其他业务收入"账户。

此外，包装物成本要利用一定的摊销方法进行结转，摊销额最终计入"其他业务成本"账户。

【例5】A企业领用随商品出租的包装物一批2 400元，出租期为6个月。出租时收支票一张2 000元，用以支付包装物的押金。合同协定每月收取租金100元，按现金支付。该企业对包装物成本采用按月分次摊销法摊销。有关账务处理如下：

1) 领用包装物时

  借：周转材料——包装物（在用） 2 400
   贷：周转材料——包装物（在库）   2 400

2) 每次摊销时

  借：其他业务成本 400
   贷：周转材料——包装物（摊销）   400

3) 收到押金时

  借：银行存款 2 000
   贷：其他应付款   2 000

4) 收到租金时

  借：库存现金 100
   贷：其他业务收入   100

需要注意的是： 出租包装物发生修理行为，该修理费若须由出租方负担，则借记"其他业务成本"，贷记"库存现金"等账户。

（5）出借包装物

企业经营中也可能将包装物出借给其他企业暂时使用。出借包装物要收取一定数额的押金，在使用中还可能发生修理费用。

收押金时的处理方法与出租包装物相同。

发生修理费用，若由出借方负责，则借记"销售费用"账户，贷记"银行存款"账户。

此外，出借包装物的成本也要利用一定的摊销方法进行结转，但摊销时转入"销售费用"账户。

3. 包装物报废的核算

对不能继续使用的包装物，可按规定手续报废。

出借包装物报废时，包装物账面余值与包装物的残料价值或残料变卖收入的差额计入"销售费用"账户。

出租包装物报废时，包装物账面余值与包装物的残料价值或残料变卖收入的差额则列入"其他业务成本"账户。

【例6】某企业报废出租用麻袋100只，每只成本价20元，已摊销50%，残料变卖收入共计800元，存入银行。会计分录为：

  借：其他业务成本 1 000
   贷：周转材料——包装物（摊销）   1 000
  借：银行存款 800
   贷：其他业务成本   800

借：周转材料——包装物（摊销）　　　　　　　　2 000
　　　　贷：周转材料——包装物（在用）　　　　　　　　　　　　2 000

若上例中将"残料变卖收入共计800元，存入银行"改为"报废时残料价值为800元，验收入库"，则会计分录为：

　　借：其他业务成本　　　　　　　　　　　　　　　 1 000
　　　　贷：周转材料——包装物（摊销）　　　　　　　　　　　　1 000
　　借：原材料　　　　　　　　　　　　　　　　　　　 800
　　　　贷：其他业务成本　　　　　　　　　　　　　　　　　　　　800
　　借：周转材料——包装物（摊销）　　　　　　　　2 000
　　　　贷：周转材料——包装物（在用）　　　　　　　　　　　　2 000

若将出租改为出借，上述分录中的"其他业务成本"应换成"销售费用"。

4. 包装物盘盈盘亏的核算

为保证包装物储存期间账实相符，企业要定期进行清查盘点。包装物盘盈盘亏通过"待处理财产损溢——待处理流动资产损溢"进行核算。核算过程和方法同原材料盘盈盘亏核算方法相似。

第四节　低值易耗品

一、低值易耗品的含义

低值易耗品是指单位价值较低，使用年限较短的，不能作为固定资产的有形物品。如：工具、管理用具、劳保用品及在经营过程中周转使用的包装容器等。

二、低值易耗品的核算

企业设置"周转材料——低值易耗品"账户或"低值易耗品"账户反映企业库存低值易耗品的实际成本或计划成本。

1. 低值易耗品购入的核算

低值易耗品购入的核算方法与原材料购进的核算类似。

注：以下业务运杂费暂不考虑增值税。

【例1】某企业为一般纳税人，购入办公椅20张，增值税发票上注明，买价2 000元，增值税260元，价税合计2 260元，另附运杂费单据一张40元。办公椅运到，验收入库，所有款项一并以支票付讫。会计分录如下：

　　借：周转材料——低值易耗品（办公椅）　　　　 2 040
　　　　应交税费——应交增值税（进项税额）　　　　　260
　　　　贷：银行存款　　　　　　　　　　　　　　　　　　　　　2 300

2. 低值易耗品领用与摊销的核算

企业内部领用低值易耗品进行使用时，低值易耗品在使用中也会因磨损使其价值不断减少。我们把减少的那部分价值称为低值易耗品摊销。在会计实务中，可以采用的摊销方法是**一次摊销法**或**分次摊销法**。

分次摊销法是指在领用低值易耗品时，低值易耗品成本分次平均转入期间费用。分次摊销法适用于可供多次反复使用的低值易耗品。在利用分次摊销法的情况下，需单独设置"周转材料——低值易耗品（在用）"、"周转材料——低值易耗品（在库）"、"周转材料——低值易耗品（摊销）"明细科目。

【例2】销售部门领用办公椅一批，实际成本1 500元，采用一次摊销法摊销，领用时会计分录为：

借：销售费用　　　　　　　　　　　　　1 500
　　贷：周转材料——低值易耗品（办公椅）　　　　　1 500

若上例中将"采用一次摊销法摊销"改为"采用分次摊销法摊销"，则第一次领用时会计为：

借：周转材料——低值易耗品（在用）　　　1 500
　　贷：周转材料——低值易耗品（在库）　　　　　　1 500
借：销售费用　　　　　　　　　　　　　　750
　　贷：周转材料——低值易耗品（摊销）　　　　　　750

3. 低值易耗品修理的核算

为了延长低值易耗品的寿命，充分发挥其效能，企业应加强对低值易耗品的维修和保养。低值易耗品修理发生的费用，按使用部门的不同，借记"管理费用"、"制造费用"、"销售费用"等账户。

【例3】销售部门修理办公桌，修理单位开来发票，发票上注明修理费用56.50元，财务科以现金支付。会计分录为：

借：销售费用　　　　　　　　　　　　　56.50
　　贷：库存现金　　　　　　　　　　　　　　　　56.50

4. 低值易耗品报废的核算

企业对因磨损程度过大等原因不能再使用的低值易耗品可按规定程序予以报废，报废时按残料价值借记"原材料"账户或"库存现金"账户或"银行存款"账户，贷记"管理费用"或"制造费用"或"销售费用"等账户。

【例4】某企业对一批行政管理部门在用的文件柜予以报废，该批文件柜原实际成本1 500元，已摊销50%，现报废文件柜，变卖残料得现金200元。则报废时会计分录为：

借：管理费用　　　　　　　　　　　　　750
　　贷：周转材料——低值易耗品（摊销）　　　　　　750
借：库存现金　　　　　　　　　　　　　200
　　贷：管理费用　　　　　　　　　　　　　　　　200
借：周转材料——低值易耗品（摊销）　　　1 500
　　贷：周转材料——低值易耗品（在用）　　　　　　1 500

5. 低值易耗品盘盈盘亏的核算

为了确保低值易耗品在储存期间账实相符，企业要定期进行清查盘点。低值易耗品盘盘盈盘亏通过"待处理财产损溢——待处理流动资产损溢"进行核算,其核算方法与原材料盘盈盘亏相似。

第五节　委托加工物资

一、委托加工物资的含义

委托加工物资是指企业委托外单位加工完成的材料、包装物或低值易耗品等物资。

> **知识窗 4-4**
>
> 　　1993 年 12 月 25 日（1993）财法字第 38 号《中华人民共和国增值税暂行条例实施细则》（以下称"增值税实施细则"）规定：委托加工货物是指"委托方提供原料及主要材料，受托方按照委托方的要求制造货物并收取加工费的业务"。

二、委托加工物资的实际成本

委托加工物资的实际成本包括：
① 发给外单位用于加工材料的实际耗用成本。
② 委托加工应支付的加工费用。
③ 委托加工应支付的往返运杂费（如：运输费、包装费、保险费等）。
④ 委托加工应计入成本的相关税金（如：增值税和消费税等）。

需要注意的是：①一般纳税人委托加工物资取得增值税专用发票并符合增值税抵扣条件的，增值税可以作为进项税，不计入加工物资成本；不符合抵扣条件的计入加工物资成本。②小规模纳税人委托加工物资应负担的增值税计入委托加工物资成本。③委托加工物资涉及消费税的，加工后收回的物资直接用于出售，应负担的消费税计入加工物资成本；加工后收回的物资用于连续生产应税消费品的，应负担的消费税可以抵扣，不计入加工物资的成本，即借记"应交税费——应交消费税"。

三、委托加工物资的核算

设置"委托加工物资"账户，借方登记委托加工物资的实际成本，贷方登记结转入库的委托加工物资的实际成本。

注：以下业务运杂费暂不考虑增值税。

【例1】甲企业委托乙企业加工 B 材料（非应税消费品）一批。双方均为一般纳税人，增值税税率为 13％。5 月 13 日甲企业发出 A 原材料一批，实际成本为 120 000 元，全部耗用；5 月 13 日以支票支付运杂费 3 000 元；5 月 20 日乙企业开来增值税专用发票，发票上注明加工费用 30 000 元，增值税 3 900 元，款项以商业汇票支付；5 月 21 日收到委托加工的 B 材料，按实际成本结转入库。有关账务处理如下：

1) 5月13日甲企业发出A原材料
　　借：委托加工物资　　　　　　　　　　120 000
　　　　贷：原材料——A材料　　　　　　　　　　　　120 000
2) 5月13日以支票支付运杂费
　　借：委托加工物资　　　　　　　　　　3 000
　　　　贷：银行存款　　　　　　　　　　　　　　　　3 000
3) 5月20日以商业汇票支付加工费
　　借：委托加工物资　　　　　　　　　　30 000
　　　　应交税费——应交增值税（进项税额）3 900
　　　　贷：应付票据　　　　　　　　　　　　　　　　33 900
4) 5月21日结转加工委托B材料成本
　　借：原材料——B材料　　　　　　　　153 000
　　　　贷：委托加工物资　　　　　　　　　　　　　　153 000

【例2】红星公司为一般纳税人，8月10日将一批B材料委托外单位代加工为橡胶轮胎（属于应税消费品），发出B材料实际成本为5 100元，加工费的增值税发票上注明加工费用3 000元，增值税390元，另应支付往返运杂费300元，消费税900元。8月23日以上款项均以银行存款支付。8月30日，橡胶轮胎加工完毕验收入库，并将连续用于生产。有关账务处理如下：

1) 8月10日发出原材料
　　借：委托加工物资　　　　　　　　　　5 100
　　　　贷：原材料——B材料　　　　　　　　　　　　5 100
2) 8月23日以支票支付运杂费
　　借：委托加工物资　　　　　　　　　　300
　　　　贷：银行存款　　　　　　　　　　　　　　　　300
3) 8月23日以支票支付加工费和消费税
　　借：委托加工物资　　　　　　　　　　3 000
　　　　应交税费——应交增值税（进项税额）390
　　　　应交税费——应交消费税　　　　　900
　　　　贷：银行存款　　　　　　　　　　　　　　　　4 290
4) 8月30日结转加工委托橡胶轮胎成本
　　借：原材料——橡胶轮胎　　　　　　　8 400
　　　　贷：委托加工物资　　　　　　　　　　　　　　8 400

若上例中将"并将连续用于生产"改为"将直接用于出售"，则3）、4）两笔分录将改为：

3) 8月23日以支票支付加工费和消费税
　　借：委托加工物资　　　　　　　　　　3 900
　　　　应交税费——应交增值税（进项税额）390
　　　　贷：银行存款　　　　　　　　　　　　　　　　4 290

4) 8月30日结转加工委托橡胶轮胎成本

借：库存商品——橡胶轮胎　　　　　　　　9 300
　　贷：委托加工物资　　　　　　　　　　　　　9 300

第六节　存货的期末计价

一、存货期末计价方法

会计期末，应按照成本与可变现净值孰低法对存货进行计价。其中成本是指期末存货的实际成本。对可变现净值低于存货成本的差额，应当计提存货跌价准备，计入当期损益。

在进行成本与可变现净值孰低比较时的具体方法有**单项比较法**、**分类比较法**和**总额比较法**三种。我国会计制度规定存货跌价准备一般应按单项比较法计提。

二、存货减值迹象的判断依据

我国规定当存在下列情况之一时，企业可以认为存货发生减值，应当计提存货跌价准备。

① 该存货市价持续下跌，并且在可预见的未来无回升的希望。

② 企业使用该项原材料生产的产品的成本大于产品的销售价格。

③ 企业因产品更新换代，原有库存原材料已不适应新产品的需要，而该原材料的市场价格又低于其账面成本。

④ 因企业所提供的商品或劳务过时或消费者偏好改变而使市场需求发生变化，导致市场价格逐渐下跌。

⑤ 其他足以证明该项存货实质上已经发生减值的情形。

三、存货期末计价的核算

当有迹象表明存货发生减值时，企业应于期末计算存货的可变现净值，计提存货跌价准备。当以前减记存货价值的影响因素已经消失，使得已计提跌价准备的存货的价值得以恢复，则应冲减跌价准备金额，但冲减金额以已提存货跌价准备为限。

具体计算公式如下：

1. 当可变现净值低于存货成本时

存货跌价准备计提数 ＝ 存货成本 － 可变现净值 － 计提前"存货跌价准备"贷方余额

（1）计算结果为正数，提取存货跌价准备

会计分录为：

借：资产减值损失——计提的存货跌价准备
　　贷：存货跌价准备

（2）计算结果为负数，冲减存货跌价准备

会计分录为：

借：存货跌价准备
　　　　贷：资产减值损失——计提的存货跌价准备

2. 当可变现净值高于存货成本时

$$存货跌价准备的冲减数 = 冲减前"存货跌价准备"贷方余额$$

会计分录为：

　　借：存货跌价准备
　　　　贷：资产减值损失——计提的存货跌价准备

【例】某企业 2014 年开业，采用"成本与可变现净值孰低法"对存货进行期末计价。2014 年年末 A 材料的成本为 120 000 元，可变现净值为 100 000 元；2015 年年末 A 材料的成本为 200 000 元，可变现净值为 170 000 元；2016 年年末 A 材料的成本为 160 000 元，可变现净值为 150 000 元；2017 年年末 A 材料的成本为 130 000 元，可变现净值为 145 000 元。有关账务处理如下：

1) 2014 年年末

　　存货跌价准备计提数 = 120 000 − 100 000 − 0 = 20 000（元）
　　借：资产减值损失——计提的存货跌价损失　20 000
　　　　贷：存货跌价准备　　　　　　　　　　　　　　　20 000

2) 2015 年年末

　　存货跌价准备计提数 = 200 000 − 170 000 − 20 000 = 10 000（元）
　　借：资产减值损失——计提的存货跌价损失　10 000
　　　　贷：存货跌价准备　　　　　　　　　　　　　　　10 000

3) 2016 年年末

　　存货跌价准备计提数 = 160 000 − 150 000 − 30 000 = − 20 000（元）
　　借：存货跌价准备　　　　　　　　　　　　　　　20 000
　　　　贷：资产减值损失——计提的存货跌价损失　　　　20 000

4) 2017 年年末

　　存货跌价准备计提数 = − 10 000（元）
　　借：存货跌价准备　　　　　　　　　　　　　　　10 000
　　　　贷：资产减值损失——计提的存货跌价损失　　　　10 000

提示：

① 2014、2015、2016 年年末存货可变现净值低于存货成本，而 2017 年年末存货可变现净值高于存货成本。

② 2017 年年末在计提存货跌价准备前，"存货跌价准备"账户的余额 = 20 000 + 10 000 − 20 000 = 10 000（元），所以 2017 年年末存货跌价准备的提取数为 − 10 000 元。

需要注意的是：小企业存货资产不计提存货跌价准备。

本章小结

◆ 存货属于企业的流动资产。主要包括各类材料、包装物、低值易耗品、委托加工物资、商品、在产品、半成品、产成品等。存货日常核算有实际成本和计划成本两种核算方法。

◆ 购入存货的实际成本一般由购货买价、购货费用、计入成本的相关税金等组成。购进存货所负担的增值税应区分小规模纳税人和一般纳税人，区分购进存货的不同用途来进行不同的处理。一般纳税人购进存货所负担的增值税，可以抵扣的，借记"应交税费——应交增值税（进项税额）"。小规模纳税人购进存货所负担的增值税计入购入存货的成本。

◆ 发出存货按实际成本核算。其计价方法有个别计价法、先进先出法、加权平均法等。发出存货按计划成本核算的，期末应计算发出存货应分摊的成本差异，将发出存货由计划成本调整为实际成本。公式为：

实际成本＝计划成本±差异

◆ "周转材料——包装物"的核算范围有：生产领用作为产品组成部分的包装物，随产品出售单独计价的包装物，随产品出售不单独计价的包装物，出租、出借给购方使用的包装物等。生产领用的包装物，包装物成本转销计入"生产成本"。随产品出售单独计价和出租的包装物，包装物成本转销计入"其他业务成本"。随产品出售不单独计价和出租的包装物，包装物成本转销计入"销售费用"。

◆ 包装物、低值易耗品的摊销方法有一次摊销法和分次摊销法。

◆ 委托加工物资的实际成本由实际耗用材料的成本、往返运杂费、加工费、计入成本的相关税金等组成。涉及消费税的委托加工物资消费税由受托方代扣代交。其消费税的处理方法是：委托加工物资用于连续生产应税消费品的，消费税可抵扣不计入成本，即借记"应交税费——应交消费税"；委托加工物资直接用于出售的，消费税计入成本，即借记"委托加工物资"。

第五章 交易性金融资产与长期股权投资

【学习目标】

通过本章学习,能够了解金融资产的内容和分类;熟悉交易性金融资产初始投资成本的核算;熟悉持有交易性金融资产期间取得现金股利和债券利息的核算;熟悉交易性金融资产出售的核算;了解长期股权投资的含义、内容和核算方法。

第一节　金融资产概述

一、金融资产的内容

金融资产是企业资产的重要组成部分，主要包括库存现金、银行存款、应收账款、应收票据、贷款、垫款、其他应收款、应收利息、债权投资、股权投资、基金投资、衍生金融资产等。

二、金融资产的分类

按我国现行会计准则规定，企业应将取得的金融资产在初始确认时，根据业务特点和风险管理要求进行分类。金融资产可分为四类，即以公允价值计量且其变动计入当期损益的金融资产、持有至到期投资、贷款和应收款项、可供出售金融资产。

一是以公允价值计量且其变动计入当期损益的金融资产。其中交易性金融资产包括企业以赚取差价为目的从证券交易市场购入的股票、债券、基金等，还包括不作为有效套期工具的衍生工具。具体可进一步划分为：交易性金融资产和直接指定以公允价值计量且其变动计入当期损益的金融资产。

二是持有至到期投资，指到期日固定，回收金额固定或可确定，且企业有明确意图和能力持有至到期的非衍生金融资产。如：国债、企业债券、金融债券等。

三是贷款和应收款项，指在活跃市场中没有报价、回收金额固定或可确定的非衍生金融资产。如：企业因销售商品或提供劳务形成的应收款项、商业银行发放的贷款等。

四是可供出售金融资产。指可供出售金融资产，初始确认时即被指定为可供出售的非衍生金融资产，以及没有划分为持有至到期投资、贷款和应收款项，以公允价值计量，且其变动计入当期损益的金融资产。

说明：本教材只介绍交易性金融资产的核算。

知识窗 5-1

金融衍生工具产生于 20 世纪 70 年代，发展迅速。

商务印书馆出版的《英汉证券投资词典》（马惠明编）中对其的解释为："表示金融衍生工具的英文词汇有 derivatives, derivative financial instruments, derivative instruments, derivative products, financial derivatives 等，这些工具的价值来源于对应金融资产价值的期权、期货合约。所交易的金融资产包括股票、股票指数、固定利率债券、商品、货币等。期权交易所提供的交易产品（如：指数期货和利率期货）都是典型的衍生产品。"

不作为有效套期工具的衍生工具，其主要目的不是为套期保值而赚取差价，这类金融衍生工具目前根据《企业会计准则——金融资产》的规定，应作为"交易性金融资产"核算。

第二节 交易性金融资产

一、交易性金融资产概述

1. 交易性金融资产的含义

交易性金融资产主要是指企业为了近期内出售而持有的股票、债券、基金等金融资产。

2. 交易性金融资产的特征

交易性金融资产一般具有以下特征：
① 能够在公开市场上交易并且有明确的市价。
② 持有该资产的目的是作为企业剩余资金的存放形式，并保持其流动性和获利性。

二、交易性金融资产的核算

1. 账户设置

企业应设置"交易性金融资产"、"公允价值变动损益"、"应收股利"、"应收利息"和"投资收益"等账户进行会计核算。

（1）**交易性金融资产**

本账户用来核算企业以交易为目的所持有的债券投资、股票投资、基金投资等交易性金融资产的公允价值。借方登记取得成本及公允价值大于其账面余额的差额；贷方登记公允价值小于其账面余额的差额及结转的公允价值变动损益；期末借方余额反映结存的交易性金融资产的实际成本。该账户按投资的种类，分别以"成本"和"公允价值变动"等进行明细核算。

（2）**公允价值变动损益**

本账户用来核算企业交易性金融资产等公允价值变动而形成的应计入当期损益的利得或损失。平时，借方登记公允价值小于其账面余额的差额；贷方登记公允价值大于其账面余额的差额；期末余额反映尚未结转的公允价值小于或大于其账面余额的差额。出售交易性金融资产时，期末余额要进行结转，计入"投资收益"账户。

（3）**应收股利**

本账户用来核算企业因投资而应收取的现金股利或利润，借方登记应收未收的现金股利，贷方登记现金股利的收回数，期末借方余额反映尚未收取的现金股利或利润。

（4）**应收利息**

本账户用来反映企业因投资而应收取的已到期但未收取的债券利息，借方登记应收利息的增加数，贷方登记应收利息的减少数，期末借方余额反映尚未收取的利息。

（5）**投资收益**

本账户用来核算企业投资所发生的损益，贷方登记企业对外投资所取得的收益，借方登记企业对外投资发生的损失。期末应将该账户余额转入"本年利润"账户，结转后本账户无余额。

2. 交易性金融资产的核算

（1）取得交易性金融资产的核算

企业取得交易性金融资产时应按取得时的实际成本（公允价值）作为初始投资成本入账。

取得交易性金融资产的实际成本 = 取得时实际支付的全部价款 − 交易费用 − 应收股利（或应收利息）

借：交易性金融资产——成本 ← （实际成本）
　　投资收益 ← （发生的交易费用，如：佣金及印花税等）
　　应收股利 ← （已宣告未发放的现金股利）
　贷：其他货币资金 ← （实际支付的全部价款）

需要注意的是：取得交易性金融资产时已宣告但尚未收取的现金股利或已到付息期但尚未领取的利息应单独计入"应收股利"或"应收利息"核算；取得交易性金融资产时发生的交易费用计入"投资收益"。

注：以下业务暂不考虑增值税。

【例1】某企业于2017年3月15日，以交易为目的从上海证券交易所购入A公司股票10 000股，每股买价10元，假设另支付印花税和交易手续费300元，A公司于3月10日宣告每10股派发2元现金股利，该现金股利按3月20日的股东名册发放。则2017年3月15日购入A公司股票时的财务处理如下：

该交易性金融资产的实际成本 = 10 000×10 + 300 − 300 − 10 000×0.2 = 98000（元）

借：交易性金融资产——A公司股票（成本）　　98 000
　　投资收益——A公司股票　　　　　　　　　　　300
　　应收股利——A公司　　　　　　　　　　　　2 000
　贷：其他货币资金——存出投资款　　　　　　　　　　100 300

【例2】某企业于2017年1月5日，以交易为目的从证券市场以32 500元的价格购入B公司2016年1月1日发行的5年期债券。该债券年利率10%，债券面值30 000元，按年计息，每年1月10日付息一次，到期收回本金。在购入时另需支付相关费用200元。则购入时财务处理如下：

该交易性金融资产的实际成本 = 32 500 + 200 − 200 − 30 000×10% = 29 500（元）

借：交易性金融资产——B公司债券（成本）　　29 500
　　投资收益——B公司债券　　　　　　　　　　　200
　　应收利息——B公司　　　　　　　　　　　　3 000
　贷：其他货币资金——存出投资款　　　　　　　　　　32 700

（2）交易性金融资产持有过程中宣告现金股利或期末计息的核算

1）若持有过程中宣告发放现金股利，则会计分录为：

借：应收股利
　贷：投资收益

2）若持有过程中期末计息，则会计分录为：
　　借：应收利息
　　　　贷：投资收益
（3）**交易性金融资产持有过程中收到现金股利或利息的核算**
1）若收到现金股利，则会计分录为：
　　借：其他货币资金——存出投资款
　　　　贷：应收股利
2）若收到利息，则会计分录为：
　　借：其他货币资金——存出投资款
　　　　贷：应收利息

【例3】以【例1】为资料，3月20日收到A公司发放的现金股利2 000元时，会计分录为：
　　借：其他货币资金——存出投资款　　　　　　　　2 000
　　　　贷：应收股利——A公司　　　　　　　　　　　　　　　2 000

【例4】以【例1】为资料，10月20日A公司宣告分派下半年现金股利，每10股派发3元现金股利，10月30日实际收到现金股利3 000元。有关账务处理如下：

10月20日会计分录为：
　　借：应收股利——A公司　　　　　　　　　　　　3 000
　　　　贷：投资收益　　　　　　　　　　　　　　　　　　　3 000

10月30日会计分录为：
　　借：其他货币资金——存出投资款　　　　　　　　3 000
　　　　贷：应收股利——A公司　　　　　　　　　　　　　　　3 000

（4）**交易性金融资产期末公允价值变动的核算**

按我国现行会计准则规定，企业在资产负债表日应按照公允价值对交易性金融资产进行计量，并将公允价值与账面余额间的差额计入当期损益。

1）当期末交易性金融资产的公允价值大于交易性金融资产的账面余额时，
　　借：交易性金融资产——公允价值变动
　　　　贷：公允价值变动损益
2）当期末交易性金融资产的公允价值小于交易性金融资产的账面余额时，
　　借：公允价值变动损益
　　　　贷：交易性金融资产——公允价值变动

【例5】以【例1】为资料，6月30日A公司股票每股收盘价为12元，则会计分录为：
　　借：交易性金融资产——A公司股票（公允价值变动）
　　　　　　　　　　　　　　　　　　　　　　　　22 000
　　　　贷：公允价值变动损益　　　　　　　　　　　　　　　　22 000

提示：6月30日公允价值变动损益＝6月30日所持A公司股票的公允价值－3月15日购入时交易性金融资产的账面余额＝10 000×12－98 000＝22 000（元）。

【例6】以【例1】为资料，6月30日A公司股票每股收盘价为8元，则会计分录为：
　　借：公允价值变动损益　　　　　　　　　　　　　18 000
　　　　贷：交易性金融资产——A公司股票（公允价值变动）　　18 000

提示：6月30日公允价值变动损益＝6月30日所持A公司股票的公允价值－3月15日购入时交易性金融资产的账面余额＝10 000×8－98 000＝－18 000（元）。

（5）交易性金融资产出售的核算

出售交易性金融资产时，应按实际收到的金额，借记"其他货币资金"，按该金融资产的账面余额，贷记"交易性金融资产"，按其差额借或贷"投资收益"，即会计分录为：

借：其他货币资金←（实际收到的金额）
　　贷：交易性金融资产——成本←（成本账面余额）
　　　　　　　　　　——公允价值变动←（公允价值变动账面余额）
借或贷：投资收益←（借或贷的差额）

同时，应将"公允价值变动损益"账户的账面余额转入"投资收益"账户，即会计分录为：

借：公允价值变动损益
　　贷：投资收益

或

借：投资收益
　　贷：公允价值变动损益

【例7】2017年11月10日某企业将A股票10 000股全部出售，实际收到120 000元已入账，出售时"交易性金融资产——A公司股票（成本）"的账面余额为95 300元，"交易性金融资产——A公司股票（公允价值变动）"的账面余额为5 300元（贷方），"公允价值变动损益"的账面余额为5 300元（借方），则出售时会计分录为：

借：其他货币资金——存出投资款　　　　　　120 000
　　交易性金额资产——A公司股票（公允价值变动）
　　　　　　　　　　　　　　　　　　　　　　5 300
　　贷：交易性金融资产——A公司股票（成本）　　95 300
　　　　投资收益　　　　　　　　　　　　　　　30 000

同时，

借：投资收益　　　　　　　　　　　　　　　　5 300
　　贷：公允价值变动损益　　　　　　　　　　　　5 300

【例8】2017年1月1日，A公司以交易为目的，从上海证券交易所用122 000元（含发生交易费用2 000元及2016年下半年已到期但尚未支付的利息3 000元）购入甲公司2016年1月1日发行的债券。本次所购债总面值为100 000元，甲公司债券票面年利率6%，3年期，每半年计息一次，每年7月5日和次年1月5日付息。2017年1月5日收到所持债券利息。6月30日A公司计提所持债券应收利息。6月30日A公司持有债券公允价值为130 000元。7月5日，收到所持债券利息。8月20日出售所持甲公司全部债券，取得140 000元存入银行。有关账务处理如下：

1）1月1日取得甲公司债券时

借：交易性金融资产——甲公司债券（成本）　117 000
　　投资收益——甲公司债券　　　　　　　　　2 000
　　应收利息——甲公司　　　　　　　　　　　3 000
　　贷：其他货币资金——存出投资款　　　　　　　　122 000

2) 1月5日收到甲公司支付的利息时
   借：其他货币资金——存出投资款　　　　　3 000
       贷：应收利息——甲公司　　　　　　　　　　　　　3 000
3) 6月30日计提利息时
   借：应收利息——甲公司　　　　　　　　　3 000
       贷：投资收益　　　　　　　　　　　　　　　　　　3 000
4) 6月30日确认公允价值变动损益时
   借：交易性金融资产——甲公司债券（公允价值变动）
                                         13 000
       贷：公允价值变动损益　　　　　　　　　　　　　13 000
5) 7月5日收到甲公司支付的利息时
   借：其他货币资金——存出投资款　　　　　3 000
       贷：应收利息——甲公司　　　　　　　　　　　　　3 000
6) 8月20日出售甲公司债券时
   借：其他货币资金——存出投资款　　　　140 000
       贷：交易性金融资产——甲公司债券（成本）　　117 000
               ——甲公司债券（公允价值变动）　　　13 000
           投资收益　　　　　　　　　　　　　　　　　10 000
   同时，
   借：公允价值变动损益　　　　　　　　　10 000
       贷：投资收益　　　　　　　　　　　　　　　　　10 000

需要注意的是： 小企业以赚取差价为目的从二级市场购入的股票、债券、基金等，不在"交易性金融资产"账户核算，而是改以"短期投资"账户核算。核算方法相似。

【例9】 2017年1月1日，小企业A公司以交易为目的，用120 000元（含2014年下半年已到期但尚未支付的利息3 000元）从上海证券交易所购入甲公司2016年1月1日发行的债券。本次所购债券总面值为100 000元，甲公司债券票面年利率6%，3年期，每半年计息一次，每年7月5日和次年1月5日付息。2017年1月5日收到所持债券利息。2017年6月30日A公司计提所持债券应收利息。2017年7月5日，收到所持债券利息。2017年8月20日出售所持甲公司全部债券，取得140 000元存入银行。有关账务处理如下：

1) 1月1日取得甲公司债券时
   借：短期投资——甲公司债券　　　　　117 000
       应收利息——甲公司　　　　　　　　3 000
       贷：其他货币资金——存出投资款　　　　　　　120 000
2) 1月5日收到甲公司支付的利息时
   借：其他货币资金——存出投资款　　　　　3 000
       贷：应收利息——甲公司　　　　　　　　　　　　　3 000
3) 6月30日计提利息时
   借：应收利息——甲公司　　　　　　　　　3 000
       贷：投资收益　　　　　　　　　　　　　　　　　　3 000

4) 7月5日收到甲公司支付的利息时

  借：其他货币资金——存出投资款 3 000
   贷：应收利息——甲公司   3 000

5) 8月20日出售甲公司债券时

  借：其他货币资金——存出投资款 140 000
   贷：短期投资——甲公司债券   117 000
     投资收益   23 000

知识窗 5-2

《小企业会计准则》（自2013年1月1日起施行）**摘录**

  第九条　短期投资，是指小企业购入的能随时变现并且持有时间不准备超过1年（含1年）的投资。如小企业以赚取差价为目的从二级市场购入的股票、债券、基金等。

  短期投资应当按照以下规定进行会计处理：

  （一）取得短期投资，应当按照实际支付的购买价款作为成本进行计量。实际支付价款中包含的已宣告但尚未发放的现金股利或已到付息期但尚未领取的债券利息，应当单独确认为应收股利或应收利息，不计入短期投资的成本。

  （二）短期投资在持有期间，被投资单位宣告发放的现金股利或在资产负债表日按分期付息、一次还本债券投资的票面利率计算的利息收入，应当计入投资收益。

  （三）出售短期投资，应当将实际取得的价款与短期投资账面余额之间的差额计入投资收益。

第三节　长期股权投资

一、长期股权投资的含义

  长期股权投资是指投资企业对被投资企业实施控制、重大影响的权益投资，以及对其合营企业的权益性投资。其目的主要是参与其他企业的经营决策或为将来扩大生产经营规模做准备。

二、长期股权投资的内容

  长期股权投资包括企业持有的对子公司、对合营企业、对联营企业的权益性投资。

三、长期股权投资核算方法概述

  长期股权投资的核算方法有**成本法**和**权益法**两种。

1. 成本法及其适用范围

成本法是指投资取得时按实际成本计价，之后除追加投资、收回投资、计提长期投资减值准备等情形外，长期股权投资的账面价值一般应保持不变的核算方法。

我国《企业会计准则第2号——长期股权投资》中规定，投资企业对被投资企业能实施控制的长期股权投资，即对子公司投资，应采用成本法核算。

其中，**控制**是指有权决定一个企业的财务经营政策，并能从该企业的经营活动中获取利益。通常表现为投资企业直接或间接拥有被投资企业50%以上股权或表决权。

2. 权益法及其适用范围

权益法是指投资取得时按实际成本计价，之后根据投资企业享有被投资企业所有者权益份额的变动需进行调整投资账面价值的方法。

我国《企业会计准则第2号——长期股权投资》中规定，在下列情况下应采用权益法核算长期股权投资：

① 投资企业对被投资单位具有共同控制时，如：合营企业投资。
② 投资企业对被投资单位具有重大影响时，如：联营企业投资。

其中，**共同控制**是指投资者按合同约定对某项经济活动进行共有控制。通常表现为各投资企业共同决定被投资企业的财务经营政策，共同控制被投资企业实体。

重大影响是指投资企业对被投资企业的财务经营政策有参与决策的权利，但并不决定这些政策。通常表现为投资企业拥有被投资企业20%或以上至50%股权或表决权。

需要注意的是：小企业采用成本法核算长期股权投资。

说明：本教材不介绍长期股权投资的核算。

本章小结

◆ 金融资产主要包括货币资金、应收款项、贷款、交易性金融资产等。

◆ 购入交易性金融资产的投资成本等于实际支付的全部价款扣除交易费用。已宣告但尚未领取的现金股利或已到期尚未领取的债券利息在取得交易性金融资产时应单独计入"应收股利"或"应收利息"核算，交易费用计入"投资收益"账户。

◆ 持有交易性金融资产期间收到现金股利或利息，作为投资收益或应收款项的收回，即借记"其他货币资金"，贷记"投资收益"或"应收利息（应收股利）"。

◆ 交易性金融资产出售时，应将所收到的出售收入与交易性金融资产账面价值的差额确认为投资收益。

◆ 长期股权投资分为对子公司投资、对合营企业投资、对联营企业投资。

◆ 长期股权投资的核算方法有成本法和权益法。具有控制的长期股权投资采用成本法核算；具有共同控制和重大影响的长期股权投资采用权益法核算。

第六章　固定资产

【学习目标】

通过本章学习，熟悉固定资产的确认条件；掌握固定资产初始计量的核算；掌握固定资产折旧的计提范围、计算方法及其核算；掌握固定资产后续支出的核算；了解固定资产减值的迹象及其期末计量的核算；掌握固定资产处置的核算。

第一节　固定资产概述

一、固定资产的定义

固定资产是指为生产商品、提供劳务、出租或经营管理而持有的，使用寿命超过一个会计年度的，单位价值较高的有形资产。如：机器、机械、房屋、建筑物、运输工具等。

二、固定资产的确认

某一资产可作为固定资产加以确认，应同时满足以下三个条件：
① 该资产符合固定资产的定义。
② 该资产包含的经济利益很可能流入企业。
③ 该资产的成本能够可靠地计量。

判断某固定资产的经济利益很可能流入企业的主要依据，是与该固定资产所有权相关的风险和报酬是否已经转移。例如，经营租入固定资产由于主要风险和报酬没有转移到承租企业，承租企业不能将经营租入的固定资产作为企业的固定资产加以确认；而融资租入固定资产则相反，承租企业应将融资租入的固定资产视同自有固定资产进行核算并计提折旧。

三、固定资产的分类

为了加强固定资产管理，提高固定资产利用率并保证固定资产安全完整，对固定资产进行科学分类必不可少。固定资产的分类标准很多，实际工作中主要按以下标准分类：

1. 按所有权归属分类

固定资产按所有权归属分类，可分为自有固定资产和租入固定资产两类。

2. 按经济用途分类

固定资产按经济用途分类，可分为生产用固定资产和非生产用固定资产两类。

需要注意的是：职工宿舍、食堂、医务室、俱乐部等不直接服务于生产经营业务的各种固定资产属于非生产经营用固定资产。

3. 按使用情况分类

固定资产按使用情况分类，可分为未使用固定资产、在用固定资产和不需用固定资产三类。

需要注意的是：季节性经营及大修理停用的固定资产、企业内替换使用的固定资产和企业租出的固定资产属于在用固定资产。

4. 按经济用途结合使用情况进行综合分类

固定资产按经济用途结合使用情况进行综合分类，可分为生产经营用固定资产、非生产经营用固定资产、租出固定资产、未使用固定资产、不需用固定资产、土地和融资租入固定资产等七大类。

> **知识窗 6-1**
>
> 　　在西方国家，土地完全私有，所以在美国和国际会计准则中，土地作为"固定资产"进行核算。但是在我国，土地归国家所有，任何企业和个人只拥有土地使用权，企业取得的土地使用权应作为"无形资产"入账。
> 　　需要注意的是：①计入"固定资产"的土地是指过去已经估价单独入账的土地；②另因征地支付的补偿费，应计入与土地有关的房屋建筑物的价值内，不单独作为土地价值入账。

四、固定资产的计量基础

为了便于反映固定资产的原始投资规模及固定资产的新旧程度，固定资产的计量基础主要有以下两种：

1. 历史成本

历史成本又称原始价值，是指取得固定资产并使固定资产达到可使用状态前所发生的一切必要的、合理的支出。实际工作中取得固定资产的方式有多种，方式不同其实际成本的构成也不同。这种计价方法具有客观性和可验证性，是固定资产的基本计价基础，它可以反映企业固定资产的原始投资规模。

2. 折余价值

折余价值是指固定资产原始价值减去累计折旧的净额，或固定资产重置价值减去估计损耗的净额。原始价值和折余价值进行比较可以反映固定资产的新旧程度。这种计价方法主要用于盘盈、接受捐赠、盘亏等固定资产价值的计算。

五、固定资产核算的主要账户

1. 工程物资

本账户用来核算企业为基建工程、更新改造工程等准备的各种物资的实际成本。购入为工程准备的各种物资时，登记其借方；为工程准备的各种物资用于工程建设时，登记其贷方。

2. 在建工程

本账户用来核算企业为工程建设所发生的实际支出，以及改扩建等转入的固定资产净值。为工程建设发生各项合理支出时，登记其借方；工程达到可使用状态时，从其贷方转出，转入"固定资产"账户。

3. 固定资产

本账户用来核算固定资产原始价值增减变化及其结存情况。固定资产价值增加时，登记其借方；固定资产价值减少时，登记其贷方；余额在借方，反映现有固定资产的原价。

4. 累计折旧

本账户是"固定资产"的备抵科目，用来核算固定资产的累计折旧。计提折旧时，贷记该账户；处置及改扩建时，借记该账户。

5. 固定资产清理

本账户核算企业因出售、报废和毁损等原因转入清理的固定资产账面价值，及其在清理过程中所发生的清理费用和清理收入等。转入固定资产账面价值和发生清理费用时，登记其借方；取得清理收入时，登记其贷方；清理净损益结转后该账户无余额。

六、固定资产的期末计价

企业出于谨慎原则的要求，应于期末或至少在年末检查固定资产，判断是否有减值的迹象。如果存在减值迹象，则应计提固定资产减值准备。我国现行制度规定：固定资产期末应按账面价值与可收回金额孰低比较的方法进行计价。

知识窗 6-2

资产的账面余额、账面价值与账面净值

（1）期末某项资产的账面余额是指该项资产对应账户的期末余额。

（2）期末某项资产的账面价值是指该项资产的账面余额减去其相关备抵项目和相关减值准备项目之后的净额。

（3）期末某项资产的账面净值是指该项目资产的原值减去已计提的累计折旧（或累计摊销）后的余额。

具体举例见表 6-1：

表 6-1

资产的账面余额、账面价值和账面净值示例

应收账款	账面余额＝应收账款的账面原价 账面价值＝应收账款的账面余额－计提的坏账准备
存货（原材料等）	账面余额＝存货的账面原价 账面价值＝存货的账面余额－计提的存货跌价准备
交易性金融资产	账面价值＝交易性金融资产的账面余额 （交易性金融资产以公允价值进行后续计量，不计提减值准备）
固定资产	账面余额＝固定资产的账面原价 账面价值＝固定资产的原价－计提的固定资产减值准备－计提的累计折旧 账面净值＝固定资产的折余价值＝固定资产原价－计提的累计折旧
无形资产	账面价值＝无形资产的原价－计提的无形资产减值准备－累计摊销 账面余额＝无形资产的账面原价 账面净值＝无形资产的摊余价值＝无形资产原价－累计摊销

第二节 固定资产增加的核算

一、购入固定资产

企业购入固定资产，其实际成本包括：
① 实际支付的买价。
② 购入固定资产不能作为进项税额抵扣的增值税、进口关税等相关税金。
③ 其他应计入固定资产成本的相关支出，如：装卸费、运输费、安装费等。

需要注意的是： ① 增值税一般纳税人购进、接受捐赠、接受投资以及接受抵债等形式取得固定资产或自建固定资产（包括改扩建、安装）发生的进项税额，可凭增值税专用发票、海关进口增值税专用缴款书从销项税额中扣除。
② 专用于免税、简易计税、集体福利等项目的固定资产进项税不可以抵扣。
③ 小规模纳税人购入固定资产发生的增值税进项税不可以抵扣。

1. 购入固定资产不需要安装

购入固定资产不需要安装是指购入的固定资产不需要安装就可以直接交付使用。其会计处理方法是：按购入固定资产的实际成本，借记"固定资产"账户，贷记"银行存款"。

【例1】甲公司为一般纳税人，购进生产设备一套，买价500 000元，增值税65 000元，款项以支票结算，该设备不需要安装，已交付使用。甲公司账务处理如下：

借：固定资产　　　　　　　　　　　　　　　　500 000
　　应交税费——应交增值税（进项税额）　　　 65 000
　　贷：银行存款　　　　　　　　　　　　　　　　　　565 000

2. 购入固定资产需要安装

购入固定资产需要安装是指购入的固定资产不能直接交付使用，必须经过安装调试过程才能投入使用。其会计处理方法是，购入时将购入支出先登记"在建工程"，接着将安装调试过程中发生的支出也登记"在建工程"，最后当固定资产达使用状态时将登记"在建工程"账户的总金额转入"固定资产"账户，即借记"固定资产"，贷记"在建工程"。

【例2】B公司为一般纳税人，购入一条需要安装的流水线，价款200 000元，增值税26 000元，运输费1 000元，款项以银行存款支付。该流水线安装时领用生产用原材料一批，价值10 000元。在安装中应分摊工资34 200元。B公司有关账务处理如下：

1）支付流水线价款和运输费时

借：在建工程　　　　　　　　　　　　　　　　201 000
　　应交税费——应交增值税（进项税额）　　　 26 000
　　贷：银行存款　　　　　　　　　　　　　　　　　　227 000

2）领用原材料时

借：在建工程　　　　　　　　　　　　　　　　 10 000
　　贷：原材料　　　　　　　　　　　　　　　　　　　 10 000

3）分摊应付工资时
　　　借：在建工程　　　　　　　　　　　34 200
　　　　　贷：应付职工薪酬　　　　　　　　　　　　　34 200
4）流水线达使用状态投入使用时
　　转入"固定资产"账户的总金额 = 201 000 + 10 000 + 34 200 = 245 200（元）
　　　借：固定资产　　　　　　　　　　　245 200
　　　　　贷：在建工程　　　　　　　　　　　　　　245 200

二、自行建造固定资产

企业自行建造的固定资产，其实际成本为建造该项固定资产达到预定可使用状态前所发生的必要支出。自行建造固定资产主要包括工程用物资成本、人工成本、资本化的借款费用、应计入成本的税费等。自行建造固定资产的方式有**自营**和**出包**两种。

1. 自营方式建造固定资产

企业通过自营方式建造固定资产，主要通过"工程物资"、"在建工程"和"固定资产"等账户进行账务处理。购入工程用物资时，按实际支付的买价、运输费、保险费等，借记"工程物资"；发生建造固定资产达预定可使用状态前的必要支出时，借记"在建工程"；工程达预定可使用状态交付使用时，借记"固定资产"。

【例3】A公司为一般纳税人，于1月准备自行建造一台机器设备，购入一批工程物资，价款339 000元（含增值税39 000元），款项以银行存款支付。1月至10月建造设备过程中，领用工程物资227 600元；领用生产用原材料一批，价值20 000元；应分摊工资22 800元。10月25日该设备达到可使用状态，另剩余工程物资转为该公司的原材料。则A公司有关账务处理如下：

1）购入工程物资支付价款和运输费时
　　　借：工程物资　　　　　　　　　　　300 000
　　　　　应交税费——应交增值税（进项税额）　39 000
　　　　　贷：银行存款　　　　　　　　　　　　　339 000
2）领用工程物资时
　　　借：在建工程　　　　　　　　　　　227 600
　　　　　贷：工程物资　　　　　　　　　　　　　227 600
3）领用原材料时
　　　借：在建工程　　　　　　　　　　　20 000
　　　　　贷：原材料　　　　　　　　　　　　　　20 000
4）分摊应付工资时
　　　借：在建工程　　　　　　　　　　　22 800
　　　　　贷：应付职工薪酬　　　　　　　　　　　22 800
5）设备达到预定可使用状态、投入使用时
　　　借：固定资产　　　　　　　　　　　270 400
　　　　　贷：在建工程　　　　　　　　　　　　　270 400

6）剩余工程物资转为原材料时

剩余工程物资 = 300 000 - 227 600 = 72 400（元）

  借：原材料   72 400
    贷：工程物资   72 400

对于工程物资，核算时需要注意的是：

① 企业为在建工程准备的各种物资，应当按照实际支付的买价、运输费、保险费等相关费用，作为实际成本，并按照各种专项物资的种类进行明细核算。

② 工程完工后剩余的工程物资，可转为本企业库存材料。

③ 盘盈、盘亏、报废、毁损的工程物资，减去保险公司、过失人赔偿部分后的差额，若工程项目尚未完工的，该差额计入或冲减在建工程成本；若工程已经完工的，该差额计入当期营业外收支。

对于在建工程，核算时需要注意的是：

① 工程达到预定可使用状态前因进行试运转所发生的净支出，计入工程成本。

② 在建工程项目达到预定可使用状态前进行试产商品而发生的成本，计入在建工程成本，即借记"在建工程"；销售试产商品或将试产商品转为库存商品时，应按实际销售收入或按预计售价冲减工程成本，即贷记"在建工程"。

③ 由于正常原因造成在建工程发生单项或单位工程报废或毁损，减去残料价值、过失人赔款、保险公司赔款后的净损失，在所建工程达预定可使用状态前计入工程成本。在所建工程达到预定可使用状态后，属于筹建期间的计入长期待摊费用，属于非筹建期间的计入营业外支出。

④ 由于非正常原因造成的报废或毁损，或在建工程项目全部报废或毁损，减去残料价值、过失人赔款、保险公司赔款后的净损失，属于筹建期间的计入长期待摊费用，属于非筹建期间的计入营业外支出。

⑤ 所建在建工程应当自达到预定可使用状态之日起，按估计的价值转入固定资产，并计提固定资产折旧。待办理了竣工决算手续后，如有差异再作调整。

2. 出包方式建造固定资产

以出包方式建造固定资产，应按支付的工程价款等进行计量。在支付工程价款时，借记"在建工程"科目，贷记"银行存款"科目。当工程达到预定可使用状态时，借记"固定资产"科目，贷记"在建工程"科目。

【例4】A公司为一般纳税人，于2月决定以出包方式自行建造一座办公楼。2月20日以支票预付工程款4 000 000元；12月10日，工程施工结束，收到承包单位的结算单据，以支票补付工程款1 300 000元；12月15日该办公楼达到预定可使用状态并验收投入使用。则A公司有关账务处理如下：（假设暂不考虑增值税）

1）2月20日支付工程款时

  借：在建工程   4 000 000
    贷：银行存款   4 000 000

2）12月10日补付工程款时

  借：在建工程   1 300 000

    贷：银行存款   1 300 000
 3）12 月 15 日，办公楼达到预定可使用状态并验收投入使用时
    借：固定资产   5 300 000
      贷：在建工程   5 300 000

三、接受投资者投入固定资产

  接受投资者投入固定资产，按投资者各方确认的价值入账。
  【例5】 A 股份有限公司注册资本 2 000 万元。2017 年 4 月 10 日接受 B 公司投入设备一套，该设备账面价值 4 800 000 元，双方协议确认的价值为 4 500 000 元，B 公司此项投资占 A 公司注册资本的 20%，假定不考虑相关税费。A 公司的账务处理如下：
  实收资本 = 20 000 000 × 20% = 4 000 000（元）
  借：固定资产   4 500 000
    贷：实收资本——B 公司   4 000 000
      资本公积——资本溢价   500 000
  资本溢价是指股份制企业投资者投入的资金超过其在注册资本中所占份额的部分。
  注意：接受捐赠的固定资产，贷记"营业外收入"。

四、盘盈固定资产

  同类或类似固定资产存在活跃市场的，按同类或类似固定资产的市场价格，减去按该项资产的新旧程度估计的价值损耗后的余额，作为入账价值。
  同类或类似固定资产不存在活跃市场的，按盘盈的固定资产的预计未来现金流量现值，作为入账价值。
  《企业会计准则第 4 号——固定资产》规定将固定资产盘盈作为前期差错处理，于批准处理前贷记"以前年度损益调整"科目。

第三节 固定资产折旧

一、折旧的含义

  折旧是指按确定的方法对应计折旧额在固定资产使用寿命内进行的系统分摊，也就是对固定资产因磨损而减少的价值所进行的估计。
  其中，应计折旧额是指固定资产原值减预计净残值的余额（假设不考虑固定资产减值准备）。固定资产使用寿命是指固定资产预期的使用期限或预计能提供的工作量。
  固定资产磨损分有形磨损（锈蚀等）和无形磨损（科技进步等）两种。

二、折旧的范围

  企业应从时间和空间两大标准来确定固定资产折旧的范围。

从时间标准来判断，依据为：
① 当月增加的固定资产当月不提折旧，从下月起计提折旧。
② 当月减少的固定资产当月照提折旧，从下月起不计提折旧。

从空间标准来判断，依据为：
① 已提足折旧继续使用的固定资产不提折旧。
② 按规定单独估价作为固定资产入账的土地不提折旧。
③ 处于更新改造中的固定资产不需计提折旧。
④ 提前报废的固定资产，不再补提折旧。
⑤ 其他自有固定资产和融资租入固定资产均应计提折旧。

需要注意的是： 从所建造的固定资产已达预定可使用状态起，应按估计的工程成本转入固定资产。同时按固定资产折旧的规定计提固定资产折旧，而不是待办理了竣工决算手续后再计提折旧。

三、影响折旧计提的主要因素

影响折旧计提的主要因素有：
① 固定资产原值。
② 固定资产的预计使用年限或预计工作量。
③ 固定资产的净残值。
④ 固定资产折旧的计算方法。
⑤ 固定资产减值准备。

四、折旧的计算

目前，可供企业选择的折旧方法主要有**年限平均法、工作量法、年数总和法**和**双倍余额递减法**等。

企业应根据固定资产所含经济利益的预期实现方式选择折旧方法。折旧方法一经确定，不得随意变更。如需变更，应在会计报表附注中予以说明。

1. 年限平均法

年限平均法是将应提折旧总额在固定资产预计使用年限内进行平均分摊的方法，也常称之为直线法。

（1）单项固定资产折旧的计算

$$年折旧额 = （固定资产原值 - 预计净残值）÷ 预计使用年限$$

$$或 = 固定资产原值 × （1 - 预计净残值率）÷ 预计使用年限$$

其中：
$$预计净残值 = 预计残值 - 预计清理费用$$

$$或 = 固定资产原值 × 净残值率$$

$$月折旧额 = 年折旧额 ÷ 12$$

$$年折旧率 = 年折旧额 ÷ 固定资产原值$$

$$月折旧率 = 年折旧率 ÷ 12$$

【例1】 2017年2月28日甲公司购入一套不需要安装的设备，其入账价值为 200 000

元,预计使用年限为 10 年,预计净残值为 2 000 元。甲公司对该设备采用平均年限法计提折旧。则该设备年折旧是多少?该设备 2017 年应计提的折旧是多少?

解答:

该设备年折旧 =(200 000 - 2 000)÷10 = 19 800(元)

该设备 2017 年应计提的折旧 = 19 800×10÷12 = 16 500(元)

提示: 2 月份取得的固定资产当月不计提折旧,从 3 月份开始计提折旧。该设备 2017 年的折旧是指 3 月至 12 月共 10 个月的折旧额,所以应将年折旧除以 12 再乘以 10 来计算。

(2)年限平均法的特点

① 每年的折旧额相等。

② 每月的折旧额相等。

2. 工作量法

(1)单项固定资产折旧的计算

单位工作量折旧额 =(固定资产原值 - 预计净残值)÷预计总工作量

或 = 固定资产原值×(1 - 预计净残值率)÷预计总工作量

某固定资产的月折旧额 = 该固定资产本月工作量×单位工作量折旧额

【例 2】2017 年 1 月 10 日甲公司购入一辆新汽车,其入账价值为 200 000 元,预计总工作量为 600 000 公里,预计净残值率为 1%。2 月份实际行驶 8 000 公里,甲公司对该汽车采用工作量法计提折旧,则该汽车 2 月份的折旧是多少?

解答:

每公里折旧额 =(200 000 - 200 000×1%)÷600 000 = 0.33(元/公里)

2 月份的折旧额 = 8 000×0.33 = 2 640(元)

(2)工作量法的特点

① 每个单位工作量的折旧额相等。

② 如果每月实际工作量不等,则每月折旧额不相等。

3. 年数总和法

(1)单项固定资产折旧的计算

第 t 年折旧额 =(原值 - 预计净残值)×尚可使用年限÷年数总和

其中:第 t 年——指固定资产的第 t 个折旧年度,如 2014 年 2 月取得的固定资产,第 1 年是指 2014 年 3 月至 2015 年 2 月;第 2 年是指 2015 年 3 月至 2016 年 2 月;依此类推。

尚可使用年限 = $N - t + 1$

年数总和 = $N×(N+1)÷2$

其中:N——指固定资产的预计使用年限。

【例 3】2016 年 3 月 10 日 A 公司取得设备一套。其入账价值为 200 000 元,预计残值 3 000元,预计清理费用 1 000 元,预计使用年限 5 年。A 公司对该设备折旧采用年数总和法计提。则该设备第一年的折旧是多少?该设备 2016 年的折旧是多少?该设备第二年的折旧是多少?该设备 2017 年的折旧是多少?该设备第五年的折旧是多少?

年数总和 = 5 × (5 + 1) ÷ 2 = 15（年）
预计净残值 = 3 000 − 1 000 = 2 000（元）
该设备第一年的折旧 =（200 000 − 2 000）× 5 ÷ 15 = 66 000（元）
该设备 2016 年的折旧 = 66 000 × 9 ÷ 12 = 49 500（元）
该设备第二年的折旧 =（200 000 − 2 000）× 4 ÷ 15 = 52 800（元）
该设备 2017 年的折旧 = 66 000 × 3 ÷ 12 + 52 800 × 9 ÷ 12 = 56 100（元）
该设备第五年的折旧 =（200 000 − 2 000）× 1 ÷ 15 = 13 200（元）

提示：该设备 3 月取得，4 月开始计提折旧，2016 年的折旧是指 2016 年 4 月至 12 月（共 9 个月）的折旧，即该设备第一年折旧中前 9 个月的折旧；2017 年的折旧是指该设备第一年折旧中后 3 个月的折旧与第二年折旧中前 9 个月的折旧之和。

需要注意的是：第 t 年指固定资产的折旧年度，某折旧年度的折旧不一定是某会计年度的折旧。

（2）年数总和法的特点
① 不同折旧年度，折旧额不相等，且逐年递减。
② 同一折旧年度内，月折旧额相等。
③ 年折旧率是一个递减的分数，即尚可使用年限除以年数总和。

4. 双倍余额递减法

（1）单项固定资产折旧的计算
在预定使用年限的前 $N-2$ 年，折旧计算公式为：

$$年折旧率 = 2 \div N$$

$$第\ t\ 年折旧 = 固定资产原值 \times (1 - 年折旧率)^{t-1} \times 年折旧率$$

其中：N 指预计使用年限。
在预定使用年限的最后两年，折旧计算公式为：

$$最后两年每年折旧额 = [固定资产原值 \times (1 - 年折旧率)^{N-2} - 净残值] \div 2$$

【例4】 2016 年 3 月 10 日 A 公司取得设备一套，其入账价值为 200 000 元，预计残值 3 000 元，预计清理费用 1 000 元，预计使用年限 5 年。A 公司对该设备折旧采用双倍余额递减法计提。则该设备第一年的折旧是多少？该设备 2016 年的折旧是多少？该设备第二年的折旧是多少？该设备 2017 年的折旧是多少？该设备第五年的折旧是多少？

前 3 年的年折旧率 = 2 ÷ 5 = 0.4
该设备第一年的折旧 = 200 000 × 0.4 = 80 000（元）
该设备 2016 年的折旧 = 80 000 × 9 ÷ 12 = 60 000（元）
该设备第二年的折旧 = 200 000 ×（1 − 0.4）× 0.4 = 48 000（元）
该设备 2017 年的折旧 = 80 000 × 3 ÷ 12 + 48 000 × 9 ÷ 12 = 56 000（元）
净残值 = 3 000 − 1 000 = 2 000（元）
该设备第五年的折旧 = [200 000 ×（1 − 0.4）^{3} − 2 000] ÷ 2 = 20 600（元）

（2）双倍余额递减法的特点
① 前 $N-2$ 年，折旧计算时不考虑固定资产净残值。

② 最后两年考虑净残值，折旧改用平均年限法计算。
③ 同一折旧年度内，每月的折旧额相等。
④ 不同折旧年度，折旧额不相等，且逐年递减。

需要注意的是： 在实际工作中，企业应遵循权责发生制原则按月计提折旧，本月固定资产折旧额是以上月相关资料为基础进行计算的，具体公式如下：

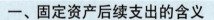

本月固定资产折旧 ＝ 上月固定资产折旧 ＋ 上月增加的固定资产折旧 － 上月减少的固定资产折旧

五、提取折旧的核算

企业计提的固定资产折旧，应根据固定资产用途，分别借记相关的生产成本或费用科目，贷记"累计折旧"科目。

【例5】A公司计提本月固定资产折旧300 000元，其中车间固定资产折旧150 000元，厂部固定资产折旧50 000元，销售部门固定资产折旧60 000元，出租用固定资产折旧40 000元。则A公司账务处理为：

借：制造费用　　　　　　150 000
　　管理费用　　　　　　 50 000
　　其他业务成本　　　　 40 000
　　销售费用　　　　　　 60 000
　贷：累计折旧　　　　　　　　　　300 000

第四节　固定资产的后续支出

一、固定资产后续支出的含义

固定资产后续支出是指固定资产确认后发生的修理费用、更新改造支出等。

二、固定资产后续支出的种类

固定资产的后续支出按性质不同，分为资本化的后续支出和费用化的后续支出两类。

1. 资本化的后续支出

资本化的后续支出是指能提高固定资产原估计的创利能力的支出，该支出在发生时应予以资本化，计入固定资产账面价值，即借记"在建工程"账户，如有被替换部分，应扣除其账面价值。该类支出主要包括使固定资产的生产能力提高，使固定资产的使用年限延长，使产品质量提高，使生产成本降低，使产品品种、性能、规格等发生良好的变化，使企业经营管理环境或条件改善等方面的支出。

2. 费用化的后续支出

费用化的后续支出是指无法提高固定资产原估计的创利能力的支出，该支出在发生时只能费用化，即直接计入费用。该类支出主要是固定资产维修方面的支出。

三、固定资产后续支出的账务处理

1. 资本化后续支出的账务处理

发生资本化后续支出时，借记"在建工程"账户，贷记"银行存款"等账户；以后在固定资产发生的后续支出在完工达预定可使用状态时，从"在建工程"账户转入"固定资产"账户。

需要注意的是：资本化的后续支出应计入固定资产的账面价值，但增计后的金额不应超过该固定资产的可收回金额。

【例1】2017年3月4日A公司对厂房进行改建，以扩大生产能力。该厂房原值为50万元，已提折旧20万元，以银行存款支付改建支出12万元，另获得变卖收入2万元存入银行。5月4日该厂房改建完工达预定可使用状态，交付使用。假设不考虑相关税费。A公司账务处理如下：

1) 3月4日厂房转入改建时
   借：在建工程   300 000
       累计折旧   200 000
       贷：固定资产   500 000

2) 发生改建支出时
   借：在建工程   120 000
       贷：银行存款   120 000

3) 获得变卖收入时
   借：银行存款   20 000
       贷：在建工程   20 000

4) 5月4日改建厂房达预定可使用状态时
   借：固定资产   400 000
       贷：在建工程   400 000

提示：达使用状态时转入"固定资产"账户的金额 = 300 000 + 120 000 − 20 000 = 400 000（元）

2. 费用化后续支出的账务处理

费用化后续支出发生时，按固定资产所服务的部门分别借记"管理费用"、"销售费用"、"其他业务成本"等科目，贷记"银行存款"等科目。

【例2】2017年4月5日A公司行政管理用设备进行大修，发生修理费用12万元，以支票支付。A公司账务处理如下：

借：管理费用   120 000
    贷：银行存款   120 000

需要注意的是：企业生产车间（部门）和行政管理部门等发生的固定资产修理费用等后续支出，应借记"管理费用"科目。

第五节 固定资产减少的核算

固定资产减少的情形主要有出售、报废、毁损、盘亏、对外投资、对外捐赠等。以下主要介绍出售、报废、盘亏固定资产的核算。

企业设置"**固定资产清理**"账户核算固定资产出售、报废及毁损等固定资产减少业务。该账户借方登记因出售、报废和毁损等原因转入清理的固定资产净值及清理过程中发生的清理费用,贷方登记清理固定资产的清理收入及应由保险公司或过失人负担的赔偿等,清理完毕若为借方余额表明清理净损失,若为贷方余额表明清理净收益。

一、出售固定资产

企业在生产经营过程中,可能会对不使用或不需用的固定资产进行出售处理。

出售清理净损失应结转计入"资产处置损益"账户借方,出售清理净收益应结转计入"资产处置损益"账户贷方,清理净损益结转后,"固定资产清理"账户无余额。

【例1】A 公司为一般纳税人,2017 年 3 月 10 日出售不动产办公用房一套(2016 年 3 月 10 日购入),原值 500 万元,已提折旧 50 万元,出售中支付清理费用 3 万元,出售价格 600 万元,增值税税率为 9%。A 公司账务处理如下:

1) 办公楼转入清理时
  借:固定资产清理   4 500 000
    累计折旧   500 000
    贷:固定资产   5 000 000

2) 支付清理费用时
  借:固定资产清理   30 000
    贷:银行存款   30 000

3) 收到出售收入时
  借:银行存款   6 540 000
    贷:固定资产清理   6 000 000
      应交税费——应交增值税(销项税额)
                540 000

4) 计算并结转固定资产清理净损益时
  固定资产清理后的净收益 = 6 000 000 - 4 500 000 - 30 000 = 1 470 000(元)
  借:固定资产清理   1 470 000
    贷:资产处置损益   1 470 000

需要说明的是:一般纳税人销售其 2016 年 4 月 30 日前取得的不动产,可以选择简易计税法,以取得的全部价款和价外费用减去该项不动产购置原价或取得不动产时的作价后的余额为销售额,按照 5% 的征收率计算应纳税额。

二、报废固定资产

报废固定资产通过"固定资产清理"账户核算，核算过程与出售固定资产核算相似。但报废清理净损失应结转计入"营业外支出"账户；报废清理净收益应结转计入"营业外收入"账户。

【例2】A公司2017年5月12日对一生产设备进行报废，该生产设备原值50万元，已提折旧20万元，收到保险公司赔偿3万元和清理中残料变卖收入2万元，均收存银行（假设不考虑相关税费）。A公司账务处理如下：

1) 将生产设备报废时
  借：固定资产清理   300 000
    累计折旧   200 000
    贷：固定资产   500 000

2) 收到保险公司赔款时
  借：银行存款   30 000
    贷：固定资产清理   30 000

3) 收到残料变卖收入时
  借：银行存款   20 000
    贷：固定资产清理   20 000

4) 计算并结转固定资产清理净损益时
固定资产清理净损失 = 300 000 − 30 000 − 20 000 = 250 000（元）
  借：营业外支出   250 000
    贷：固定资产清理   250 000

需要说明的是：如果是报废清理净收益，则借记"固定资产清理"，贷记"营业外收入"。

三、盘亏固定资产

企业应定期或者至少于每年年末对固定资产进行全面清查。清查中发现盘亏的固定资产，应通过"待处理财产损溢"账户进行账务处理。

【例3】A公司2017年6月30日清查中发现盘亏一台原值为40 000元的小型设备，该设备已提折旧20 000元（假设不考虑相关税费）。A公司账务处理如下：

1) 盘亏时
  借：待处理财产损溢   20 000
    累计折旧   20 000
    贷：固定资产   40 000

2) 审批转销处理时
  借：营业外支出   20 000
    贷：待处理财产损溢   20 000

说明：本教材不介绍固定资产减值的核算。

本章小结

◆ 固定资产是指为生产商品、提供劳务、出租或经营管理而持有的,使用寿命超过一个会计年度,单位价值较高的有形资产。固定资产的计价基础可以分为历史成本计价和折余价值(净值)计价两种。

◆ 固定资产取得的渠道有多种,不同方式取得的固定资产,其实际成本构成不同。外购取得,实际成本由购入买价、包装费、运输费、安装成本、应计入成本的相关税金等组成;自行建造固定资产,实际成本是该固定资产达到预定可使用状态前所发生的全部支出;投资者投入固定资产,实际成本是投资各方确认的价值;盘盈固定资产,实际成本是同类或类似固定资产的市场价值减去按该项资产的新旧估计的损耗后的余额。

◆ 固定资产取得核算中,设置"在建工程"和"固定资产"等账户。企业购入不需安装的固定资产,直接借记"固定资产";企业购入需要安装的固定资产,先计入"在建工程",待安装完毕达到预计可使用状态时,再由"在建工程"转入"固定资产"。

◆ 固定资产因磨损而减少的价值称折旧,影响折旧的主要因素有:固定资产原值、固定资产预计使用年限、固定资产净残值和折旧方法等。

◆ 除已提足折旧仍继续使用的固定资产和按规定单独估价入账的土地这两种情况外,企业应对所有的固定资产计提折旧。融资租入资产应视同自有固定资产计提折旧。

◆ 计算折旧的主要方法有:年限平均法、工作量法、年数总和法和双倍余额递减法等。企业计提固定资产折旧时,借记相关成本费用账户,贷记"累计折旧"账户。

◆ 固定资产改良支出可以资本化,固定资产维修支出不予资本化,而是直接计入当期损益。

◆ 设置"固定资产清理"账户核算企业因出售、报废、毁损等原因而减少固定资产,固定资产清理后发生的净损益,应分别按情况处理。属于出售净收益,结转计入"资产处置损益"贷方;属于出售净损失,结转计入"资产处置损益"借方;属于报废净收益,结转计入"营业外收入";属于报废净损失,结转计入"营业外支出"。

◆ 企业应定期或不定期对固定资产进行清查,盘亏固定资产通过"待处理财产损溢"账户核算,盘亏固定资产批准转销时,转作"营业外支出"处理;盘盈固定资产通过"以前年度损益调整"账户核算。

第七章　无形资产及其他资产

【学习目标】

通过本章学习，了解无形资产的内容及确认条件；掌握无形资产增加的核算；掌握无形资产摊销和后续支出的核算；掌握无形资产出售和出租的核算；了解其他资产的内容。

第一节　无形资产概述

一、无形资产的含义

无形资产是指企业为生产商品或提供劳务或出租给他人或为管理目的而持有的，企业拥有或控制的没有实物形态的可辨认非货币性资产。

二、无形资产的主要特征

无形资产一般具有以下主要特征：
① 没有实物形态。无形资产一般表现为一种权力或获得超额利润的能力。
② 持有目的不是用于出售。
③ 能够在一个以上的会计期间为企业带来经济利益。
④ 能够提供的经济利益具有不确定性。
⑤ 需有偿取得。

三、无形资产的内容

广义无形资产按是否可辨认分为**可辨认无形资产**和**不可辨认无形资产**两类。可辨认是指某项无形资产可以单独买卖交易，不可辨认是指某项无形资产与企业是一个整体，无法单独买卖，如：商誉。

我国现行企业会计准则中作为无形资产核算的是指可辨认无形资产。可辨认无形资产包括专利权、非专利技术、商标权、著作权、土地使用权、特许权等。

> **知识窗 7-1**
>
> 　　商誉是指企业的超额获利能力。它与企业整体有关，是一项组合的无形资产，一般由良好的信誉、良好的生产效益、先进的技术水平等多种因素组合而成，企业很难进行计量。商誉可以自创，也可以通过企业并购取得，只有并购取得的商誉才加以核算。

四、无形资产的确认条件

无形资产应在同时满足以下条件时才能加以确认：
① 该资产产生的经济利益很可能流入企业。
② 该资产的成本能够可靠计量。

需要注意的是： 现行《企业会计准则第 6 号——无形资产》中无形资产仅指可辨认无形资产。商誉按《企业会计准则解释第 4 号》的规定进行核算，不确认为无形资产。

第二节 无形资产的核算

一、无形资产增加的核算

1. 无形资产增加的方式

无形资产增加的方式主要有购入、自创、接受投资者投入、接受捐赠、非货币性交易等。增加方式不同，账务处理也有所不同。

2. 账户设置

企业应设置"无形资产"账户用来核算无形资产的增加和减少情况。该账户借方登记无形资产增加的情况；贷方登记无形资产因摊销、出售等而减少的无形资产账面余额；期末借方余额反映企业已入账但尚未摊销的无形资产的摊余价值。

该账户应按无形资产内容设置明细账。

3. 购入无形资产的核算

企业购入无形资产应按实际支付的价款，借记"无形资产"账户，贷记"银行存款"等账户。

【例1】甲企业为一般纳税人，5月购入商标权一项，价款10万元，增值税额6 000元，以支票支付。甲企业账务处理如下：

借：无形资产——商标权　　　　100 000
　　应交税费——应交增值税（进项税额）
　　　　　　　　　　　　　　　6 000
　　贷：银行存款　　　　　　　　　　106 000

4. 自创无形资产的核算

企业自创无形资产（即自行研究与开发无形资产）的过程中，会发生材料费、研究人员的工资福利、借款费用等各种费用。

其中，**研究**是指为理解或获取新的科技知识而进行的有计划的独创性调查。

开发是指在进行商业性生产或使用前，将研究成果或其他知识应用于某项设计或计划，以生产出新的或具有实质性改进的材料、设备、产品等。

企业自行研究开发无形资产的，应设置"研发支出"科目，归集研究开发支出。期末，对于符合资本化条件的开发支出，待无形资产达预计使用状态时，转入"无形资产"账户；对于研究支出和不符合资本化条件的开发支出，转入当期"管理费用"账户。

> **知识窗 7-2**
>
> 《企业会计准则第6号——无形资产》中第八条、第九条规定如下：
>
> 第八条　企业内部研究开发项目研究阶段的支出，应当于发生时计入当期损益。
>
> 第九条　企业内部研究开发项目开发阶段的支出，同时满足下列条件的，才能确认为无形资产：

（一）完成该无形资产以使其能够使用或出售，在技术上具有可行性；
（二）具有完成该无形资产并使用或出售的意图；
（三）无形资产产生经济利益的方式，包括能够证明运用该无形资产生产的产品存在市场或无形资产自身存在市场，无形资产将在内部使用的，应当证明其有用性；
（四）有足够的技术、财务资源和其他资源支持，以完成该无形资产的开发，并有能力使用或出售该无形资产。
（五）归属于该无形资产开发阶段的支出能够可靠地计量。

【例2】甲企业自行开发专利权一项，2017年5月10日至7月10日为开发阶段，共发生开发支出120 000元，其中工资福利80 000元；原材料11 700元；以银行存款支出28 300元。2017年7月10日该专利权达使用状态，经分析确认开发支出的120 000元中只有80 000元符合资本化条件（假设不考虑相关税费）。则甲企业相关账务处理如下：

1) 发生开发支出时
  借：研发支出   120 000
    贷：应付职工薪酬   80 000
      原材料   11 700
      银行存款   28 300

2) 确认开发支出归属时
  借：无形资产——专利权 80 000
    管理费用   40 000
    贷：研发支出   120 000

5. 接受投资者投入无形资产的核算

企业接受投资者投入无形资产，应按投资者各方确认的价值作为无形资产的实际成本，借记"无形资产"账户，贷记"实收资本"等账户。

【例3】甲企业2017年6月10日接受A公司投入商标权一项，该商标权的双方协议价为20万元，已办理了相关手续（假设不考虑相关税费）。甲企业账务处理如下：
  借：无形资产——商标权 200 000
    贷：实收资本——A公司 200 000

需要注意的是：①若实际收到无形资产确认的价值超出了实收资本份额，则超出的金额应计入"资本公积——资本溢价"账户；②股份有限公司首次发行股票而收到无形资产投资，无形资产应按投资方的账面价值入账；③股份有限公司收到投资者投入资本，应贷记"股本"账户。

二、无形资产后续支出的核算

无形资产后续支出是指为确保无形资产入账后能够在较长时期内为企业带来经济利益而发生的支出。

无形资产后续支出发生时应在发生当期直接确认为费用，即借记"管理费用"账户，贷记"银行存款"等账户。

【例4】A公司2017年4月5日以银行存款5 000元支付商标权的展期费用。A公司账务处理如下：

借：管理费用　　　　　　　　　　　5 000
　　贷：银行存款　　　　　　　　　　　　5 000

三、无形资产摊销的核算

对于使用寿命有限的无形资产，企业应当从无形资产取得当月开始，在无形资产使用寿命内对无形资产应摊销金额进行合理摊销计入当期损益（会计准则另有规定的除外），其摊销方法一般采用直线法（年限平均法）。对于使用寿命不确定的无形资产则不应摊销。

无形资产应摊销金额是指无形资产成本扣除已计提减值准备后的金额。

企业在无形资产摊销核算中，应设置"累计摊销"账户来核算无形资产摊销额。该账户借方登记累计摊销的转销额，贷方登记无形资产摊销的提取数。

需要注意的是：①当月增加的无形资产，当月开始摊销；当月减少的无形资产，当月不再摊销。②用于出租的无形资产，计提摊销额时，借记"其他业务成本"账户，贷记"累计摊销"账户。③用于生产产品的无形资产，计提摊销额时，借记"生产成本"或"制造费用"账户，贷记"累计摊销"账户。

【例5】 A公司2017年4月10日取得一项专利技术，入账成本为120 000元，预计使用年限为10年，A公司4月末进行无形资产摊销。则A公司账务处理如下：

该无形资产年摊销额 = 120 000 ÷ 10 = 12 000（元）

该无形资产4月份摊销额 = 12 000 ÷ 12 = 1 000（元）

4月末计提该无形资产摊销额的会计分录为：

借：管理费用　　　　　　　　　　　1 000
　　贷：累计摊销　　　　　　　　　　　　1 000

四、无形资产出售的核算

出售无形资产即转让无形资产的所有权。企业应以出售取得价款为依据计缴增值税，贷记"应交税费——应交增值税"；应将出售取得价款，借记"银行存款"账户；应按无形资产的账面余额，贷记"无形资产"账户；应按累计摊销的账面余额，借记"累计摊销"账户。若出售结果为净收益则贷记"资产处置损益"账户，若出售结果为净损失则借记"资产处置损益"账户。

出售净收益（净损失）= 实际取得价款 − 无形资产账面价值 − 相关税费

其中，**无形资产账面价值 = 无形资产账面余额 − 累计摊销账面余额 − 无形资产减值准备**

需要注意的是： 如果所出售的无形资产已计提无形资产减值准备，应将该无形资产减值准备转销，即借记"无形资产减值准备"账户。

> **知识窗 7-3**
>
> 为了谨慎起见，企业应当定期或至少在每年年末检查各项无形资产的获利能力，采用无形资产账面价值与可收回金额孰低比较的方法进行期末计价。若可收回金额低于账面价值，应当计提无形资产减值准备，借记"资产减值损失"，贷记"无形资产减值准备"。

第七章　**无形资产及其他资产**

【例6】甲企业为一般纳税人，2017年7月5日出售一项商标权，该商标权成本为30万元，已摊销5万元，出售中实际取得30万元存入银行，增值税税率为6%，没有无形资产减值准备。甲企业账务处理如下：

借：银行存款　　　　　　　　　　　　300 000
　　累计摊销　　　　　　　　　　　　 50 000
　　贷：无形资产——商标权　　　　　　　　　　300 000
　　　　应交税费——应交增值税（销项税额）　　 18 000
　　　　资产处置损益　　　　　　　　　　　　　 32 000

提示：应交税费 = 300 000 × 6% = 18 000（元）；
　　　出售净收益 = 300 000 −（300 000 − 50 000）− 300 000 × 6% = 32 000（元）。

五、无形资产出租的核算

出租无形资产即转让无形资产的使用权。企业保留了对该无形资产的所有权，所以在核算中不注销无形资产的账面余额。

企业出租无形资产的租金收入，应借记"银行存款"账户，贷记"其他业务收入"。

出租无形资产在出租期间仍应进行无形资产摊销，摊销时，借记"其他业务成本"账户，贷记"无形资产"账户。

出租无形资产在出租期间发生的相关费用，借记"其他业务成本"账户，贷记"银行存款"等账户。

【例7】甲企业为一般纳税人，2017年7月1日将某商标权出租给A公司使用，每年获得租金收入10 000元，应交增值税600元，该商标权本月摊销额为300元。甲企业账务处理如下：

1）取得租金时
　　借：银行存款　　　　　10 000
　　　　贷：其他业务收入　　　　　10 000
2）计提增值税时
　　借：其他业务成本　　　　600
　　　　贷：应交税费——应交增值税（销项税额）
　　　　　　　　　　　　　　　　　　600
3）摊销无形资产成本时
　　借：其他业务成本　　　　300
　　　　贷：累计摊销　　　　　　　300

知识窗 7-4

根据2022年出台的增值税相关政策：无形资产属于增值税的计税范畴。

一般纳税人出租无形资产，如果是土地使用权，按9%的税率计缴增值税，其他无形资产按6%的税率计缴增值税。

一般纳税人出售无形资产，如果是专利技术或非专利技术的，免征增值税。如果是土地使用权，按9%的税率计缴增值税，其他无形资产均按6%的税率计缴增值税。

小规模纳税人出租或出售无形资产均按简易计税方法确定增值税，税率为3%。

六、无形资产报废的核算

当无形资产不再能为企业带来经济利益时，企业应将无形资产进行报废处理，借记"累计摊销"科目，原已计提减值准备的，借记"无形资产减值准备"科目；按其账面余额，贷记"无形资产"科目，按其差额，借记"营业外支出"科目。

【例8】 A公司2017年3月31日确认由于技术进步的影响，本公司一专利权已无使用价值和经济价值，现决定报废。该专利权账面余额25万元，无减值准备。A公司账务处理如下：

借：营业外支出　　　　　　　250 000
　　贷：无形资产——专利权　　　　　250 000

需要注意的是： 小企业不计提无形资产减值准备。

第三节　其他资产

其他资产指除了流动资产、长期股权投资、固定资产、无形资产等以外的资产，包括长期待摊费用和其他长期资产。

一、长期待摊费用

长期待摊费用是指企业已支付摊销期在一年以上的各种费用。企业应设置"长期待摊费用"账户进行核算。

长期待摊费用主要包括开办费、经营租入的固定资产改良支出及其他各种摊销期在一年以上的待摊费用。

> **知识窗7-5**
>
> 开办费指企业在筹建期间发生的费用，包括人员工资、办公费、培训费、差旅费、印刷费、注册登记费及不计入固定资产价值的借款费用等，应当在生产经营的当月起一次计入开始生产经营当月的损益，借记"管理费用"账户，贷记"长期待摊费用"账户。

【例】 甲企业在筹建期间发生培训费3 000元，注册登记费4 000元，办公费2 000元，印刷费500元，这些费用均以银行存款支付，另发生筹建人员工资30 000元。甲企业账务处理如下：

1) 筹建期间发生费用支出时
   借：长期待摊费用　　　　　　　39 500
   　　贷：银行存款　　　　　　　　　　　9 500
   　　　　应付职工薪酬　　　　　　　　30 000
2) 开始经营的当月
   借：管理费用　　　　　　　　　39 500
   　　贷：长期待摊费用　　　　　　　　39 500

需要注意的是： 我国现行《企业会计准则》规定，开办费采用一次摊销法。

二、其他长期资产

其他长期资产主要包括银行冻结存款、冻结物资、涉及诉讼的财产和特种储备物资等。

本章小结

◆ 无形资产是指企业为生产商品或提供劳务或出租给他人或为管理目的而持有的、企业拥有或控制的没有实物形态的可辨认非货币性资产。无形资产包括专利权、非专利技术、商标权、著作权、土地使用权、特许权等。

◆ 购入无形资产时，借记"无形资产"，贷记"银行存款"。投资者投入无形资产时，借记"无形资产"，贷记"实收资本"或"股本"等。

◆ 无形资产自行开发中研究费用发生时，计入当期费用。符合资本化条件的开发支出在无形资产达使用状态时，转入"无形资产"。

◆ 无形资产的后续支出应在发生当期确认为费用。

◆ 有使用寿命的无形资产应当自取得当月起在预计使用年限内分期平均摊销。无形资产摊销时，借记"管理费用""其他业务支出""生产成本""制造费用"等账户，贷记"累计摊销"。

◆ 企业出售无形资产，出售净收益直接计入"资产处置损益"贷方，出售净损失直接计入"资产处置损益"借方。

◆ 企业出租无形资产属于其他业务，租金收入计入"其他业务收入"，出租中的各项支出，计入"其他业务成本"。

◆ 当一项无形资产无使用价值和转让价值时，应将无形资产报废转销，借记"营业外支出"，贷记"无形资产"。

◆ 企业其他资产是指除流动资产、长期股权投资、固定资产、无形资产等以外的各项资产，包括长期待摊费用和其他长期资产（如：冻结银行存款、冻结财物、特储物资等）。

第八章 流动负债

【学习目标】

通过本章学习，了解流动负债的定义、分类和计价原则；掌握短期借款的核算；掌握应付票据基本业务的核算；掌握应付账款、预收账款的核算；熟悉其他应付款的内容；掌握应付职工薪酬的基本业务核算；掌握应交增值税、应交消费税基本业务核算；了解房产税、印花税、土地使用税、车船使用税及教育费附加的核算；了解应付股利及其他流动负债的核算。

第一节　流动负债概述

一、流动负债的含义

负债是指企业过去的交易或事项形成的，预期会导致经济利益流出企业的现时义务。负债按照偿还期限的长短可分为流动负债和长期负债。我国《企业会计准则》中对流动负债的定义是"将在一年（含一年）或超过一年的一个营业周期内需要偿还的债务"。流动负债主要包括：**短期借款、应付票据、应付账款、预收账款、其他应付款、应付职工薪酬、应交税费、应付利润**等。

二、流动负债的特点

除具有负债的基本特征外，流动负债还有以下特点：

1. 偿还期短

一般在一年以内（含一年）或超过一年的一个营业周期内必须履行偿债义务。

2. 一般以企业的流动资产来清偿

流动负债到期必须动用资产、提供劳务或举借新债来清偿，但一般是以流动资产来清偿，以便通过流动资产和流动负债的比例来了解企业的短期偿债能力。

三、流动负债的分类

1. 按流动负债产生的原因分类

① 经营引起的流动负债（如：应付职工薪酬、应交税费等）。
② 借贷产生的流动负债（如：短期借款等）。
③ 结算过程中产生的流动负债（如：应付账款、应付票据、预收账款等）。
④ 利润分配形成的负债（如：应付利润等）。

2. 按流动负债的应付金额是否确定分类

① 应付金额肯定的流动负债。即根据合同、契约或法律规定具有确切的金额、确切的付款日，到期必须偿还的债务（如：短期借款、应付票据、应付账款、预收账款等）。

② 应付金额取决于经营成果的流动负债。即需待一定的经营阶段结束或期末才能确定金额的债务（如：应交税费、应付职工薪酬、其他应付款等）。

③ 应付金额需要估计的流动负债。即已发生的现存义务，其金额或偿还日期需在编制资产负债表日予以确定的负债（如：预计负债等）。

四、流动负债的计价

我国会计实务中流动负债一般以其实际发生额计价。

第二节 短期借款

一、短期借款的含义

短期借款是指企业为维持正常的生产经营所需资金或为支付某项旧债，向银行或其他金融机构借入，偿还期在一年以内（含一年）的借款。

二、短期借款的核算

1. 账户设置

短期借款的取得与偿还，通过"短期借款"账户进行核算，该账户用来核算短期借款本金的增减情况。借方反映短期借款本金的偿还数（减少数）；贷方反映短期借款本金的借入数（增加数）；期末余额在贷方，表示企业尚未归还的短期借款本金数。

"短期借款"应按债权人设置明细账，并按借款种类进行明细分类核算。

2. 短期借款的账务处理

（1）借入短期借款的账务处理

借入短期借款时，按借入的实际本金数，借记"银行存款"账户，贷记"短期借款"账户。

（2）短期借款计息及付息的账务处理

短期借款利息属于财务费用。

若借款利息数额大，而且是在到期时一次性或按季（或半年）支付，可采用预提利息的办法。按月预提利息时，已预提数，借记"财务费用"账户，贷记"应付利息"账户；实际支付利息时，按已预提利息借记"应付利息"账户，按应付利息总额贷记"银行存款"账户，应付利息总额大于已预提利息的差额借记"财务费用"账户。

若借款利息按月支付，或利息数额不大的，可在实际支付利息时，直接计入当期损益，借记"财务费用"账户，贷记"银行存款"等账户。

（3）归还短期借款本金的账务处理

归还短期借款本金时，按实际归还数，借记"短期借款"账户，贷记"银行存款"等账户。

【例】甲企业4月1日向当地工商银行申请临时贷款100 000元，用于购进各种库存商品。借款期限3个月，年利率6%，款项收存银行，按月预提利息，按季度付息。

1）企业于4月1日取得借款时，根据银行收款通知作会计分录

  借：银行存款   100 000
    贷：短期借款——临时借款   100 000

2) 企业于 4 月 30 日预提当月负担的利息时
100 000 元×6％÷12＝500（元）

  借：财务费用   500
    贷：应付利息   500

企业 5 月末预提利息时应作相同会计分录。

3) 6 月 30 日，借款期满，企业以银行存款偿还本息

  借：短期借款——临时借款   100 000
    财务费用   500
    应付利息   1 000
    贷：银行存款   101 500

第三节　应付票据

一、应付票据的含义

应付票据是指企业采用**商业汇票**结算方式，根据合同签发的承诺在一年内某一指定时期支付一定款项的书面凭证，包括**银行承兑汇票**和**商业承兑汇票**。我国商业汇票的付款期限最长不超过 6 个月。

二、应付票据的种类

1. 应付票据按是否带息分类

（1）带息商业票据

带息票据是指票据到期时，应付金额是在票据面值的基础上加上利息（按票据面值为本金，以票据上注明的利息率进行计算的利息）的票据。

（2）不带息商业票据

不带息应付票据是指票据到期时，应付金额等于票据面值的票据。

2. 应付票据按承兑人不同分类

（1）银行承兑汇票

银行承兑汇票是由在承兑银行开立存款账户的单位签发的，经银行审查同意后承兑的商业汇票，属于银行信用。

（2）商业承兑汇票

商业承兑汇票是由银行以外的付款人承兑的商业汇票，属于商业信用。

三、应付票据的核算

1. 账户设置

企业应设置"应付票据"账户，核算企业购买材料、商品或接受劳务等而开出、

承兑的商业汇票。该账户贷方反映应付票据实际发生数；借方反映应付票据实际承付数；期末余额在贷方，表示尚未支付的应付票据总额。该账户按债权人设置明细账。

为了加强对应付票据的管理，企业还应设置"应付票据备查簿"，用来详细登记应付票据的种类、号数、签发日期、到期日、票面金额、票面利率、合同交易号、收款人姓名、地址及付款日期和金额等内容。

2. 应付票据的账务处理

（1）公司开出、承兑商业汇票购货或以承兑商业汇票抵付应付账款时

借记"在途物资"、"库存商品"、"应付账款"、"应交税费——应交增值税（进项税额）"等账户，贷记"应付票据"账户。

（2）支付银行承兑汇票的手续费时

借记"财务费用"账户，贷记"银行存款"账户。

（3）应付票据到期，企业无力支付票款时

① 商业承兑汇票。按应付票据的账面余额，包括带息票据的利息，借记"应付票据"账户，贷记"应付账款"账户。

② 银行承兑汇票。借记"应付票据"，贷记"短期借款"；当企业支付加罚利息时，借记"财务费用"，贷记"银行存款"。

现以不带息应付票据为例进行说明。

【例】不带息应付票据的核算。

乙企业为一般纳税人，10月1日开出为期3个月、面值为226 000元的银行承兑汇票（其中材料成本为200 000元，增值税为26 000元），用来购买材料，银行承兑汇票的手续费按面值的1%收取。乙企业材料采用实际成本法核算。账务处理如下：

1）10月1日购买材料开出银行承兑汇票时（假设材料在途）

  借：在途物资   200 000
    应交税费——应交增值税（进项税额） 26 000
    贷：应付票据   226 000

2）支付银行承兑汇票手续费时

  借：财务费用   2 260
    贷：银行存款   2 260

3）票据到期，企业支付票据面值时

  借：应付票据   226 000
    贷：银行存款   226 000

4）票据到期，若企业无力偿还票款

  借：应付票据   226 000
    贷：短期借款   226 000

需要注意的是：若上例中银行承兑汇票改为商业承兑汇票，则票据到期，企业无力付款时，应借记"应付票据"，贷记"应付账款"。

第四节 应付及预收款项

一、应付账款

1. 应付账款的含义

（1）应付账款的概念

应付账款是指企业因购买材料、商品或接受劳务等应支付给供应者的账款。

（2）应付账款产生的原因

应付账款是由于在购销活动中买卖双方取得物资与支付货款在时间上的不一致而产生的负债，即购货时款未付。

2. 应付账款的核算

（1）应付账款入账时间的确定

① 物资和发票同时到达。物资验收入库后，应付账款按发票账单登记入账。

② 物资和发票不同时到达。如物资已到，发票账单未到，于月底将所购物资和应付账款暂估入账，下月初再用红字冲销暂估款。

（2）应付账款入账价值的确定

应付账款一般按应付金额入账，而不按到期应付金额的现值入账。

在我国，如果应付账款含有现金折扣，在会计实务中将采用总价法，即按发票上的全部应付金额（不扣除现金折扣）入账。

（3）账户设置

企业购买货物或接受劳务时，对应付给供应者的款项，设置"应付账款"账户进行核算。该账户贷方反映企业购买货物或接受劳务的应付但尚未付的款项（即应付账款的实际发生数）；借方反映应付账款的实际偿还数；期末余额在贷方，表示尚未支付的款项。

应付账款按债权人设置明细账。

（4）应付账款的账务处理

● 应付账款的发生

① 企业购入物资和接受劳务而发生的应付未付款，根据供应单位的发票账单，借记"在途物资"等账户，按专用发票上注明的增值税额，借记"应交税费——应交增值税（进项税额）"账户，贷记"应付账款"账户。

② 企业购入货物或接受劳务而发生的应付未付款，但月终发票单据未到，货款尚未支付。月终按暂估价借记"原材料"等账户，贷记"应付账款"账户，下月初用红字予以冲销，待发票单据到达后再付款。付款时，按实际支付额借记"原材料"和"应交税费——应交增值税（进项税额）"账户，贷记"银行存款"账户。

● 应付账款的偿还

① 以现金或银行存款偿还，按实际支付额借记"应付账款"账户，贷记"库存现金"

或"银行存款"等账户。

② 开出商业承兑汇票抵付应付账款时，应按票面金额借记"应付账款"账户，贷记"应付票据"账户。

需要说明的是： 当企业应付账款被债权人豁免或确定无法支付的，应转为营业外收入借记"应付账款"账户，贷记"营业外收入"账户。

【例1】某企业为一般纳税人，3月1日向甲公司购入材料一批，货款100 000元，增值税额13 000元，对方代垫运费2 000元。材料已验收入库，款项尚未支付。3月4日，企业开出票面月利率为5‰的承兑汇票抵付货款。4月4日，汇票到期，企业收到银行支付本息通知，当即以银行存款支付。

1) 3月1日，购货款未付

  借：原材料   102 000
    应交税费——应交增值税（进项税额） 13 000
    贷：应付账款——甲公司   115 000

2) 3月4日，以承兑汇票抵付货款

  借：应付账款——甲公司   115 000
    贷：应付票据——甲公司   115 000

3) 4月4日，承兑汇票到期支付本息

  借：应付票据——甲公司   115 000
    财务费用   575
    贷：银行存款   115 575

提示： 票据利息 = 115 000 × 0.5‰ × 1 = 575（元）。

【例2】某企业向乙公司购进材料一批，共1 000千克，每千克计划成本为51元。材料已验收入库，月底，发票账单未到，款未付。

1) 月末，暂估入账时

  借：原材料   51 000
    贷：应付账款——乙公司   51 000

（由于企业未收到增值税发票，不能作进项税处理）

2) 下月初，红字冲回时

  借：原材料   51 000
    贷：应付账款——乙公司   51 000

【例3】A公司为一般纳税人，8月1日向长江公司购入乙商品100件，价目表的单价为每件100元，长江公司现同意给予A公司现金折扣，具体折扣条件为（2/10，1/20，n/30），同时现金折扣不考虑增值税，长江公司和A公司两者适用的增值税税率均为13%。假设销售当日，乙商品经验收入库，但货款尚未支付。A公司的相关账务处理如下：

1) 8月1日购入乙商品时，根据增值税专用发票编制转账凭证作会计分录

  借：库存商品   10 000
    应交税费——应交增值税（进项税额） 1 300
    贷：应付账款——长江公司   11 300

2) 如果 8 月 11 日及以前支付该笔货款

  借：应付账款——长江公司   11 300
   贷：银行存款   11 100
    财务费用   200

提示：由于现金折扣不考虑增值税，所以财务费用 = 10 000 × 2% = 200（元）。

3) 如果 8 月 21 日及以前支付该笔货款

  借：应付账款——长江公司   11 300
   贷：银行存款   11 200
    财务费用   100

4) 如果 8 月 21 以后支付该笔贷款

  借：应付账款——长江公司   11 300
   贷：银行存款   11 300

二、预收账款

1. 预收账款的含义

预收账款是指买卖双方协议商定，由购货方预先支付一部分货款给供应方而发生的一项负债。预收账款虽然表现为货币资金的增加，但并不是企业的收入，其实质是一项负债，要求企业在短期内以某种商品、提供劳务或服务来补偿。

2. 预收账款的核算

（1）账户设置

企业设置"预收账款"账户用来核算企业按照合同规定向购货单位预收的款项。该账户贷方登记预收的货款；借方登记销售产品的收入和余款退回；期末贷方余额表示尚未付出产品的预收货款，借方余额表示少收应收的款项。

"预收账款"账户按购买单位设置明细账。

需要注意的是： 如果企业的预收货款业务不多，也可以不设置"预收账款"账户，而是将预收的货款直接计入"应收账款"账户，在"应收账款"账户的贷方登记发生的预收货款或补收款，借方登记销售产品的收入或余款的退回。

（2）预收账款的账务处理

① 企业向购货单位预收货款时，借记"银行存款"科目，贷记"预收账款"科目。

② 产品销售实现时，按售价借记"预收账款"科目，贷记"主营业务收入"，按专用发票上注明的增值税额，贷记"应交税费——应交增值税（销项税额）"。

③ 如果预收货款大于实际售价，应退给购货单位货款价差，按实际退款额做账，借记"预收账款"科目，贷记"银行存款"科目。

④ 如果预收货款小于实际售价，收到归还单位补足的货款，按实际收到的款项，借记"银行存款"科目，贷记"预收账款"科目。

【例4】甲公司为一般纳税人，3 月 10 日向乙公司出售 A 产品，预收乙公司货款 30 000 元。3 月 28 日，产品完工后，甲公司将 A 产品发出，其售价为 40 000 元，增值税为 5 200 元，冲回预收货款 30 000 元，不足部分由购货方乙公司补付。则相关账务处理如下：

1) 3月10日，甲公司预收货款时
  借：银行存款   30 000
    贷：预收账款——乙公司   30 000
2) 3月28日，产品销售实现时
  借：预收账款——乙公司   45 200
    贷：主营业务收入——A产品   40 000
      应交税费——应交增值税（销项税额）   5 200
3) 乙公司补付货款时
  借：银行存款   15 200
    贷：预收账款——乙公司   15 200
4) 如果3月10日预收货款为50 000元，则3月28日退款给乙公司时
  借：预收账款——乙公司   4 800
    贷：银行存款   4 800

【例5】如果甲公司不设置"预收账款"科目，则上题中1)、2)、3)相应的账务处理为：

1) 预收货款时
  借：银行存款   30 000
    贷：应收账款——乙公司   30 000
2) 产品销售实现时
  借：应收账款——乙公司   45 200
    贷：主营业务收入——A产品   40 000
      应交税费——应交增值税（销项税额）   5 200
3) 购货单位补付货款时
  借：银行存款   15 200
    贷：应收账款——乙公司   15 200

三、其他应付款

1. 其他应付款的含义

其他应付款是指与企业购销业务没有直接关系的应付、暂收款项，一般包括：
① 应付经营租入固定资产租金。
② 职工未按期领取的工资。
③ 存入保证金（如：出租包装物收取的押金）。
④ 其他应付及暂收其他单位的款项等。

2. 其他应付款的核算

（1）账户设置

为了总括地反映和监督企业其他应付款的应付、暂收及支付情况，企业应当设置"其他应付款"账户。该账户贷方登记各种暂收、应付款项；借方登记各种暂收应付款项的付款或转销；期末贷方余额反映公司应付但尚未支付的其他应付款项。

"其他应付款"账户应按应付和暂收等款项的单位或个人设置明细账。

(2) 其他应付款的账务处理

① 企业发生经营租入固定资产的租赁费用时，借记"制造费用"、"管理费用"、"其他业务成本"等，贷记"其他应付款"；实际支付时，借记"其他应付款"，贷记"银行存款"。

② 企业收到包装物押金或其他暂收款项时，借记有关科目，贷记"其他应付款"科目；偿还或转销这些款项时，借记"其他应付款"，贷记"银行存款"。

【例6】甲公司从1月1日起，以经营租赁方式租入生产车间用办公设备一批，每月租金3 000元，按季支付。3月31日，甲公司以银行存款支付应付租金。甲公司的有关财务处理如下：

1) 1月末计提应付经营租入固定资产租金

  借：制造费用   3 000
    贷：其他应付款   3 000

2) 2月末计提应付经营租入固定资产租金

  借：制造费用   3 000
    贷：其他应付款   3 000

3) 3月31日，支付租金

  借：其他应付款   6 000
    制造费用   3 000
    贷：银行存款   9 000

第五节　应付职工薪酬

一、应付职工薪酬的含义

应付职工薪酬是指企业根据有关规定应付给职工的各种薪酬，包括短期薪酬（职工工资、奖金、津贴和补贴，职工福利费，医疗、养老、失业、工伤、生育等社会保险费，住房公积金，工会经费，职工教育经费，短期带薪缺勤，短期利润分享计划，其他短期薪酬等）、离职后福利、辞退福利和其他长期职工福利等因职工提供服务而产生的义务。

二、应付职工薪酬的核算内容

1. 职工工资、奖金、津贴和补贴

(1) 计时工资

计时工资是指按计时工资标准（包括地区生活费补贴）和工作时间单位支付给个人的劳动报酬。如：对已做工作按计时工资标准支付的工资；实行结构工资制的单位支付给职工的基础工资和职务（岗位）工资等。

(2) 计件工资

计件工资是指对已做工作按计件单价支付的劳动报酬。如：实行超额累进计件、直接无限计件、限额计件、超定额计件等工资制,按劳动部门或主管部门批准的定额和计件单价支付给个人的工资;按工作任务包干的方法支付给个人的工资;按营业额提成或利润提成办法支付给个人的工资。

(3) 奖金

奖金是指支付给职工的超额劳动报酬和增收节支的劳动报酬。如:生产奖、节约奖、劳动竞赛奖,机关、事业单位的奖励工资,其他奖金等。

(4) 津贴和补贴

为了补偿职工特殊或额外的劳动消耗和因其他特殊原因支付给职工的津贴,以及为了保证职工工资水平不受物价影响支付给职工的物价补贴。

① 津贴,包括补偿职工特殊或额外劳动消耗的津贴、保健性津贴、技术性津贴、劳动性津贴及其他津贴。

② 补贴,包括为保证职工工资水平不受物价变动影响而支付的各种物价补贴。

(5) 加班加点工资

按规定支付的加班工资和加点工资。

2. 职工福利费

职工福利费是指企业为职工集体提供的福利,如:补助生活困难职工等。

3. 社会保险费

社会保险费是指企业按照国家规定的基准和比例计算,向社会保险经办机构缴纳的医疗保险金、基本养老保险金、失业保险金、工伤保险费和生育保险费,以及根据相关规定,向有关单位(企业年金基金账户管理人)缴纳的补充养老保险费。

此外,以商业保险形式提供给职工的各种保险待遇也属于企业提供的职工薪酬。

4. 住房公积金

住房公积金是指企业按照国家《住房公积金管理条例》规定的基准和比例计算,向住房公积金管理机构缴存的住房公积金。

5. 工会经费和职工教育经费

工会经费和职工教育经费是指企业为了改善职工文化生活、提高职工业务素质,用于开展工会活动和职工教育及职业技能培训,根据国家规定的基准的比例,从成本费用中提取的金额。

6. 短期带薪缺勤

包括根据国家法律、法规和政策规定,企业在职工因病、工伤、产假、计划生育假、探亲假、婚丧假、定期休假、停工学习、执行国家或社会义务等原因按计时工资标准或计时工资标准的一定比例支付的工资。

7. 其他职工薪酬

其他职工薪酬,含(1)因解除与职工的劳动关系给予的补偿(又称辞退福利),(2)离职后福利,(3)其他长期职工福利等。

三、应付职工薪酬的核算

1. 账户设置

"应付职工薪酬"账户主要用来核算应付职工薪酬的提取、结算、使用等情况,以及核算外商投资企业按规定从净利润中提取的职工奖励及福利基金。该账户的贷方登记已分配计入有关成本费用项目的职工薪酬的数额;借方登记实际发放职工薪酬的数额;期末贷方余额,反映企业应付未付的职工薪酬;若为借方余额,表示超支的工资额。

"应付职工薪酬"科目应当按照"工资"、"职工福利费"、"社会保险费"、"住房公积金"、"工会经费"、"职工教育经费"、"非货币性福利"、"辞退福利"等设置明细科目,进行明细核算。

需要注意的是:非货币性福利包括企业以自己的产品或其他有形资产发放给职工作为福利、企业向职工提供无偿使用拥有的资产、企业为职工无偿提供商品或类似医疗保健的服务等。

2. 工资结算

(1) 工资结算的依据

工资结算的原始记录是工资结算的依据。工资结算的原始记录主要包括**工资卡**、**考勤记录**、**产量记录**(如:工作任务书)、**扣款通知书**等。

① 工资卡。工资卡按每个职工设立,主要用来记录职工的姓名、职务、参加工作的时间、工资级别、工资标准等基本情况。

② 考勤记录。考勤记录是反映职工出缺勤情况的原始记录,是计算计时工资的主要依据,一般采用考勤簿和打卡方式。考勤簿一般按部门、工作班组设置,月末统计出本部门每个职工的出缺勤情况,经部门领导审核签字后给人事部门进行汇总,据以作为发放工资的原始记录。

③ 产量记录。产量记录是反映每个职工个人的或集体在工作时间内完成工作的数量、品种、质量状况的记录。产量记录是计算计件工资的主要依据,也是考核生产计划完成情况和工时定额的执行情况的依据之一。

④ 扣款通知书。扣款通知书是反映从应付职工工资中代扣或因工作事故等应扣发的款项,主要有代扣住房公积金、养老保险等代扣票据,以及因工作责任事故应扣款项。

目前,上海缴纳各项社会保险费用和住房公积金的比例如下(按职工上年度实际月平均工资性收入比例计交):

- 基本养老保险:企业交 20%,个人交 8%。
- 医疗保险:企业交 9.5%,个人交 2%。
- 失业保险:企业交 0.5%,个人交 0.5%。
- 住房公积金:企业交 7%,个人交 7%。
- 工伤保险:企业交 0.16%—1.52%,个人不交。
- 工会经费:企业按≤2%计提,个人交 0.5%。

企业从应付职工工资中扣除个人应交的那一部分。

此外，职工教育经费按不超过工资总额的 8% 计提。

（2）工资的计算

工资的计算有计时工资制和计件工资制两种。该部分知识将在成本会计的课程中详细讲解，这里只简单介绍计时工资制下月薪制应付工资的计算方法。

① 在月薪制下日工资的两种计算方法。

方法一：根据法定出勤天数计算，每月平均出勤日为 20.92 天。出勤期间的节假日不算工资，缺勤期间的节假日不扣工资。其日工资的计算公式为：

$$日工资 = 月标准工资 \div 20.92$$

方法二：每月固定按规定 30 天计算，出勤期间的节假日应算工资，缺勤期间的节假日应扣工资。其日工资的计算公式为：

$$日工资 = 月标准工资 \div 30$$

② 月薪制下应付工资和实发工资的计算。

$$应付工资 = 月标准工资 + 应付工资总额的津贴、补贴 + 奖金 - 事病假等缺勤期间应扣工资$$

$$实发工资 = 应付工资 + 代发款项 - 代扣款项$$

需要注意的是：按国家劳动保险条件规定，职工因病或非因公负伤，假期在 6 个月以内的病、伤假工资应按工龄长短和本人工资标准的一定比例扣款，事假缺勤工资应全扣。

病假应扣工资的计算公式为：

$$病假应扣工资 = 日工资 \times 病假天数 \times 应扣比例$$

病假工资扣款比例见表 8-1。

表 8-1

病假工资扣款比例

工龄	不满 2 年	满 2 年 不满 4 年	满 4 年 不满 6 年	满 6 年 不满 8 年	满 8 年 及 8 年以上
扣款比例	40%	30%	20%	10%	0

【例1】某企业职工李民，工作已满 6 年，月标准工资 900 元，各种物价补贴 100 元，本月事假、病假各一天（病假扣款比例 10%），缺勤期间不含节假日。另有交通补贴 100 元，代扣储蓄 300 元，采用按 30 天计算日工资和缺勤扣工资的方法，计算李民该月的应付工资和实发工资。

解答：

1) 李民日工资 = 900 ÷ 30 = 30（元/天）

2) 事假、病假等缺勤期间应扣工资 = 1 天事假 × 30 元/天 + 30 元 × 1 天病假 × 10% = 33（元）

3) 应付工资 = 900 元 + 100 元 - 33 元 = 967（元）

4）实发工资 = 967 元 + 100 元 − 300 元 = 767（元）

3. 账务处理

（1）工资的账务处理

各部门按月编制"工资结算单"，由财务部门编制"工资结算汇总表"作为原始凭证，进行账务处理。

① 支付工资。

根据"工资汇总表"中的实发工资，借记"应付职工薪酬——工资"等账户，贷记"库存现金"，以信用卡方式发放工资，贷记"银行存款"。

② 从工资中代扣家属医药费、个人所得税时。

借记"应付职工薪酬——工资"，贷记"其他应收款"、"应交税费——应交个人所得税"等。

③ 从工资中代扣社会保险费、住房公积金等个人承担部分时。

借记"应付职工薪酬——工资"，贷记"其他应付款"，金额为应付个人应交的部分。

④ 月末，根据"工资费用分配表"（表 8-2）将本月应发的工资进行分配。

表 8-2

工资费用分配表（简表）

职工类别	借方科目	贷方科目
生产工人	生产成本	应付职工薪酬——工资
车间管理人员	制造费用	
行政管理人员（包括工会人员）	管理费用	
在建工程人员	在建工程	
研发支出负担的职工薪酬	研发支出	
销售机构人员	销售费用	

【例2】根据工资结算汇总表（表 8-3），进行相应的账务处理。

表 8-3

工资结算汇总表

部门	基本工资	奖金	各种津贴补贴		扣发		应付工资	非工资津贴	
			岗位津贴	副食品津贴	病假工资	事假工资		车贴	独生子女费
生产工人	40 000	20 000	8 000	1 300	500	100	68 700	3 000	68
车间管理	5 000	3 000	1 200	160	100		9 260	300	10
行政管理部门	15 000	7 000	3 600	500			26 100	500	10
销售部门	10 000	8 000	2 200	300			20 500	400	12
合计	70 000	38 000	15 000	2 260	600	100	124 560	4 200	100

代扣款项						实发工资
住房公积金	养老保险费	医疗保险费	失业保险费	工会经费	个人所得税	
4 809.00	5 496.00	1 374.00	343.50	343.50	960.00	58 442.00
648.20	740.80	185.20	46.30	46.30	480.00	7 423.20
1 827.00	2 088.00	522.00	130.50	130.50	400.00	21 512.00
1 435.00	1 640.00	410.00	102.50	102.50	350.00	16 872.00
8 719.20	9 964.80	2 491.20	622.80	622.80	2 190.00	104 249.20

1) 1月5日，签发现金支票一张，到银行提取现金备发工资。根据现金支票存根作会计分录

　　借：库存现金　　　　　　　　　　　　　104 249.2
　　　　贷：银行存款　　　　　　　　　　　　　　　　104 249.2

2) 以现金发放1月份工资及非工资性的职工车贴、独生子女补贴

　　提示：随同工资一起发放的职工车贴由"管理费用"核算、独生子女补贴由"应付职工薪酬——职工福利"核算。

　　借：应付职工薪酬——工资　　　　　　　99 949.2
　　　　应付职工薪酬——职工福利　　　　　 100
　　　　管理费用　　　　　　　　　　　　　 4 200
　　　　贷：库存现金　　　　　　　　　　　　　　　104 249.2

　　提示：工资项目 = 104 249.2 - 4 200 - 100 = 99 949.2（元）。

3) 从职工应付工资中代扣个人应承担的三险一金、工会经费和个人所得税

　　提示：住房公积金按工资总额7%扣取，养老保险金按工资总额8%扣取，医疗保险金按工资总额2%扣取，失业保险金按工资总额0.5%扣取，工会经费按工资总额0.5%扣取。

　　借：应付职工薪酬——工资　　　　　　　24 610.8
　　　　贷：其他应付款——住房公积金　　　　　　　 8 719.2
　　　　　　　　　　　——社会保险费　　　　　　　13 078.8
　　　　　　　　　　　——工会经费　　　　　　　 　622.8
　　　　　　应交税费——应交个人所得税　　　　　 2 190

　　提示：社会保险费 = 养老保险费 + 医疗保险费 + 失业保险费

　　需要注意的是：用银行存款支付住房公积金、养老保险费、医疗保险费、失业保险费时，应该是企业与个人各自承担部分的合计数。

4) 职工许青应付工资未领，财务科代为保管

　　借：库存现金　　　　　　　　　　　　　1 200
　　　　贷：其他应付款——职工代领工资（许青）　　 1 200

5) 职工许青出差归来，企业发放工资
   借：其他应付款——职工代领工资（许青） 1 200
       贷：库存现金 1 200
6) 月末，根据"工资汇总表"分配工资费用
   借：生产成本 68 700
       制造费用 9 260
       管理费用 26 100
       销售费用 20 500
       贷：应付职工薪酬——工资 124 560

说明： 目前提取现金发放工资的情况已被银行存款转账发工资替代。这样业务 1)、4)、5) 就不出现了，而业务 2) 的分录则直接贷记"银行存款"。

(2) 支付福利费的账务处理

支付职工困难补助、职工食堂、职工医院和其他福利费时，借记"应付职工薪酬——职工福利"科目，贷记"库存现金"或"银行存款"科目。

【例3】用现金支付职工困难补助费 2 000 元，会计分录为
   借：应付职工薪酬——职工福利 2 000
       贷：库存现金 2 000

(3) 企业计提三险一金的账务处理

企业计提社会保险费和住房公积金时，按企业应承担的那部分比例计提，借记"生产成本""制造费用""管理费用""销售费用""在建工程"等科目，贷记"应付职工薪酬"相关明细项目。

【例4】企业根据表 8-3 所示的工资结算表，计提三险一金。计算过程如表 8-4 所示。

表 8-4

企业计提三险一金计算表

部门	应付工资	住房公积金（7%）	养老保险金（20%）	医疗保险金（9.5%）	失业保险金（0.5%）	三险一金合计
生产工人	68 700	4 809.00	13 740.00	6 526.50	343.50	25 419.00
车间管理	9 260	648.20	1 852.00	879.70	46.30	3 426.20
行政管理部门	26 100	1 827.00	5 220.00	2 479.50	130.50	9 657.00
销售部门	20 500	1 435.00	4 100.00	1 947.50	102.50	7 585.00
合　计	124 560	8 719.20	24 912.00	11 833.20	622.80	46 087.20

借：生产成本 25 419.00
    制造费用 3 426.20
    管理费用 9 657.00
    销售费用 7 585.00

贷：应付职工薪酬——住房公积金（单位）　　　　　8 719.20
　　　　　　　——社会保险费（单位）　　　　　　37 368

说明： 本教材不介绍非货币性福利和辞退福利的核算。

第六节　应交税费

一、应交税费概述

"应交税费"账户核算企业按照税法规定应缴纳的各种税费，包括增值税、消费税、企业所得税、资源税、土地增值税、城市维护建设税、房产税、城镇土地使用税、车船税、教育费附加等。

二、应交税费的账户设置

企业设置"应交税费"账户用于核算企业应缴纳的各项税费及其结算情况，该账户贷方反映应缴纳的各项税费或税务部门退回多缴纳的税费；借方反映实际缴纳的税费；期末余额在贷方，表示企业应缴纳的税费大于实际缴纳税费，即应缴未缴的各种税费；期末余额在借方，表示企业实际缴纳税费大于应缴纳的税费，即多缴的税费。

"应交税费"账户应按税种设置明细账。

需要注意的是： 企业不需要预计应交数的税金，如：印花税、耕地占用税等，不在本账户核算。

三、应交税费的核算

1. 应交增值税的核算

（1）增值税的含义

增值税是以商品（含应税劳务、应税行为）在流转过程中实现的增值额作为计税依据而征收的一种流转税。

按照增值税纳税人的生产经营规模和财会核算健全程度，增值税的纳税人可分为一般纳税人和小规模纳税人两种。

增值税一般纳税人资格实行登记制，条件为年销售额超过500万元，登记事项由增值税纳税人向其主管税务机关办理。

（2）一般纳税企业增值税的核算

① 增值税的征收范围。

包括销售货物、加工修理修配劳务、服务、无形资产、不动产和进口货物。其中，服务包括交通运输服务、建筑服务、邮政服务、电信服务、金融服务、现代服务和生活服务。

② 增值税的主要税率。

13%：销售或进口货物；提供加工、修理修配劳务。

9%：粮食、食用植物油；自来水、暖气、冷气、热水、煤气、石油液化气、沼气、天然气、居民用煤炭制品；图书、报纸、杂志；饲料、化肥、农药、农机、农膜；国务院规定的其他货物等。

零税率：纳税人出口货物。

> 知识窗 8-1
>
> 表 8-5
>
> **一般纳税人增值税税目税率表**
> **（2019 年 4 月 1 日起实施）**
>
> | 税率名称 | 税目 | 税率 |
> | --- | --- | --- |
> | 基本税率 | 销售或者进口货物。税法另有项规定除外 | 13% |
> | | 提供加工、修理修配劳务（以下称应税劳务） | |
> | | 提供有形动产租赁服务 | |
> | 低税率 | 粮食、食用植物油、食用盐 | 9% |
> | | 自来水、暖气、冷气、热水、煤气、石油液化气、天然气、沼气、居民用煤炭制品 | |
> | | 图书、报纸、杂志 | |
> | | 饲料、化肥、农药、农机、农膜、农产品、二甲醚 | |
> | | 音像制品、电子出版物 | |
> | | 国务院规定的其他货物 | |
> | | 提供交通运输、邮政、基础电信、建筑、不动产租赁服务、销售不动产，转让土地使用权 | 9% |
> | | 提供增值电信服务、金融服务、现代服务（租赁服务除外）、生活服务、转让土地使用权以外的其他无形资产 | 6% |
> | 零税率 | 出口货物；国务院另有规定的除外 | 0% |
> | | 境内单位和个人发生的跨境应税行为。具体范围由财政部和国家税务总局另行规定 | 0% |
>
> 增值税的征收率适用于小规模纳税人和特定一般纳税人。小规模纳税人一般按 3% 的征收率计征，国务院另有规定的除外。

③ 账户设置。

为核算企业应交增值税的发生、抵扣、缴纳、退税及转出等情况，应在"应交税费"账户下设置如表 8-6 所示明细账户进行核算。

表 8-6

增值税明细表

一级总账	二级明细账	三级明细账（专栏）	
		借方	贷方
应交税费	——应交增值税	（进项税额） （已交税金） （转出未交增值税）等	（销项税额） （进项税额转出） （转出多交增值税）等
	——未交增值税等		

进项税额：记录企业购进货物或接受应税劳务支付的、准予从销项税额中抵扣的进项税额。

已交税金：记录企业当月已缴纳的增值税额。

销项税额：记录企业销售货物或提供应税劳务应收取的增值税额。

进项税额转出：记录企业将购进货物改变用途（如用于非应税项目、集体福利或个人消费等）以及购进的货物发生非正常损失（如毁损、霉变等），而不应在销项税额中抵扣，按规定转出的进项税额。

"应交增值税"明细科目的借方反映企业购进货物或接受应税劳务支付的进项税额、实际已缴纳的增值税等；贷方反映销售货物或提供应税劳务应缴纳的增值税额、转出支付或应分担的增值税等；期末借方余额反映企业尚未抵扣的增值税。"应交税费——应交增值税"账户采用多栏式明细账，如表 8-7 所示。

表 8-7

应交税费——应交增值税　　　　　　　　　　　单位：元

日期	借方					贷方					借贷平	余额
	合计	进项税额	已交税金	减免税款	出口抵销内销产品应纳税款	转出未交增值税	合计	销项税额	出口退税	进项税额转出	转出多交增值税	
期初												借	5 400
7月	96 600	85 000	10 000			1 600	102 000	102 000				平	0

④ 账务处理。

● 一般购销业务的账务处理

购进阶段：账务处理时实行价税分离。价税分离的依据为增值税专用发票上注明的增值税和价款，属于价款的部分，计入购入货物的成本，属于可以抵扣的增值税部分，计入进项税额；企业购入货物或接受劳务必须具备以下凭证，其进项税额才能予以扣除：

一是增值税专用发票；

二是完税凭证；

三是购进免税农产品或购进废旧物资，按照税务机关批准的收购凭证上注明的价款或收购金额的一定比例计算进项税额，并以此作为扣税和记账的依据。

需要注意的是： 不能抵扣的增值税应计入购入货物的成本。

销售阶段： 销售收入按不含税销售额入账。如果销售款定价时含税，则应将含税销售额进行价税分离，将不含税销售额作为销售收入，价税分离的计算公式为：

$$不含税销售额 = 含税销售额 \div (1 + 增值税税率)$$

$$销项税额 = 含税销售额 - 不含税销售额$$

【例1】星光公司（为一般纳税人）购买A公司甲材料，增值税专用发票上注明买价20 000元，增值税额2 600元，款已用银行存款支付，假设甲材料按计划成本核算。星光公司付款时，按增值税发票抵扣联进行账务处理，会计分录为：

借：材料采购——甲材料　　　　　　　　　　20 000
　　应交税费——应交增值税（进项税额）　　 2 600
　　贷：银行存款　　　　　　　　　　　　　　　　　　22 600

【例2】星光公司销售某产品给宏光公司，售价为56 500元（含税），该产品的增值税税率为13%，货款尚未收到。

借：应收账款——宏光公司　　　　　　　　　56 500
　　贷：主营业务收入　　　　　　　　　　　　　　　　50 000
　　　　应交税费——应交增值税（销项税额）　　　　　 6 500

提示： 主营业务收入 = 56 500 ÷（1 + 13%）= 50 000（元）；

销项税额 = 56 500 - 50 000 = 6 500（元）。

● 购入免税产品的账务处理

企业购进免税产品，一般情况下不能扣税，但按税法规定，对于购入的免税农业产品等，可以按买价（或收购金额）的10%作为扣除率计算进项税额，并准予从销项税额中抵扣。

$$购进农业产品的成本 = 买价 - 进项税额$$

其中：　　　　$$进项税额 = 买价 \times 10\%$$

【例3】甲企业收购免税农产品，价款为300 000元，款项以现金支票支付。收购的农产品已验收入库，该企业采用实际成本进行材料日常核算。甲企业账务处理如下：

借：原材料　　　　　　　　　　　　　　　270 000
　　应交税费——应交增值税（进项税额）　 30 000
　　贷：银行存款　　　　　　　　　　　　　　　　　300 000

提示： 进项税额 = 300 000 × 10% = 30 000（元）。

需要注意的是：一般纳税人购进用于生产销售或委托加工13%税率货物的农产品，按照10%的扣除率计算进项税额。

● 视同销售的账务处理

◆ 税法规定视同销售的范围包括：

第一，将货物交付他人代销；

第二，销售代销货物；

第三，设有两个以上机构并实行统一核算的纳税人，将货物从一个机构移送其他机构用于销售，但相关机构设在同一县（市）的除外；

第四，将自产或委托加工的货物用于非应税项目；

第五，将自产、委托加工或购买的货物作为投资，提供给其他单位或个体经营者；

第六，将自产、委托加工或购买的货物分配给股东或投资者；

第七，将自产、委托加工的货物用于集体福利或个人消费；

第八，将自产、委托加工或购买的货物无偿赠送他人。

◆ 视同销售的核算：

视同销售会计核算有时不作销售处理，而是按成本转账，如：将货物对外投资，对外捐赠，将自产或委托加工的货物用于非应税项目或集体福利等。但无论会计上是否作销售处理，只要税法规定需要缴纳增值税的，就应计算缴纳增值税销项税额，并计入"应交税费——应交增值税"科目中的"销项税额"专栏。

【例4】甲公司将一批产品（成本3万元）赠送他人，计税价3万元，增值税税率13％。甲公司账务处理如下：

借：营业外支出　　　　　　　　　　　　　　33 900
　　贷：库存商品　　　　　　　　　　　　　　　　　30 000
　　　　应交税费——应交增值税（销项税额）　　　 3 900

● 不予抵扣项目的账务处理

税法规定不得从销项税额中抵扣的进项税额有：

第一，用于非增值税应税项目、免征增值税项目、集体福利或者个人消费的购进货物或者应税劳务；

第二，非正常损失的购进货物及相关的应税劳务；

第三，非正常损失的在产品、产成品所耗用的购进货物或者应税劳务；

第四，国务院财政、税务主管部门规定的纳税人自用消费品；

第五，上述四项规定的货物的运输费用和销售免税货物的运输费用。

其中：非正常损失，是指生产经营过程中正常损耗外的损失，包括自然灾害损失，因管理不善造成货物被盗窃、发生霉烂变质等损失和税法规定的其他非正常损失。

● 进项税额转出的核算

属于购进货物时不能直接认定其进项税额是否能抵扣的，可先将其计入"应交税费——应交增值税（进项税额）"科目，待确定为不予抵扣项目时，再通过"应交税费——应交增值税（进项税额转出）"将其计入其他有关科目。

【例5】发生洪水灾害后，A企业及时进行盘点，发现一批材料被冲走，这批材料的实际成本为5 000元。A企业为一般纳税人，账务处理如下：

1）盘亏时

借：待处理财产损溢　　　　　　　　　　　　5 650
　　贷：原材料　　　　　　　　　　　　　　　　　　5 000
　　　　应交税费——应交增值税（进项税额转出）　　650

2）批准转销时

借：营业外支出　　　　　　　　　　　　　　5 650
　　贷：待处理财产损溢　　　　　　　　　　　　　　5 650

● 转出多交增值税和未交增值税的账务处理

为了反映增值税一般纳税人欠缴增值税款和待抵扣增值税的情况,确保企业及时、足额上缴增值税,会计制度规定企业应在"应交税费"科目下设置"未交增值税"明细科目,核算企业月末从"应交税费——应交增值税"科目转入的未缴或多缴的增值税。

【例6】中化企业1月份购进商品等支付的增值税进项税额为48 000元,本月销售商品等发生的销项税额为68 000元。假定1月初没有未抵扣以及欠缴或多缴的增值税,也没有其他涉及增值税的业务,1月份以支票上缴增值税12 000元。中化企业财务处理如下:

1月份应交增值税 = 68 000 - 48 000 = 20 000(元)

1)1月份上缴增值税时

  借:应交税费——应交增值税(已交税金) 12 000
    贷:银行存款   12 000

需要注意的是: 企业缴纳当月的增值税,应在"应交税费——应交增值税(已交税金)"账户核算;企业当月缴纳以前月份未缴的增值税,应在"应交税费——未交增值税"账户核算。

2)月末转出1月份未缴的增值税

1月份未缴增值税 = 20 000 - 12 000 = 8 000(元)

  借:应交税费——应交增值税(转出未交增值税) 8 000
    贷:应交税费——未交增值税   8 000

需要注意的是: ①结转当月应缴未缴的增值税时,借记"应交税费——应交增值税(转出未交增值税)"账户,贷记"应交税费——未交增值税"账户;②结转当月多缴的增值税时,借记"应交税费——未交增值税"账户,贷记"应交税费——应交增值税(转出多交增值税)"账户。

【例7】中华企业2月份购进商品等支付的进项税额34 000元,销售商品等发生的销项税额为30 000元,除此以外,2月份该企业没有发生其他涉及增值税的业务。中华企业财务处理如下:

因为销项税额小于进项税额,所以2月份应交增值税为0。

2月份未抵扣的增值税 = 34 000 - 30 000 = 4 000(元)

未抵扣的增值税4 000元可以留待以后月份继续抵扣,即"应交税费——应交增值税"账户保留借方余额4 000元。

2月份该企业缴纳了1月份欠缴的增值税8 000元,会计分录为

  借:应交税费——未交增值税   8 000
    贷:银行存款   8 000

(3)小规模纳税企业增值税的核算

① 小规模纳税企业的特点。

一是小规模纳税企业销售货物或者提供应税劳务,一般情况下只能开具普通发票,不能开具增值税专用发票;

二是小规模纳税企业购进货物,增值税不能抵扣,计入所购货物成本;

三是小规模纳税企业销售货物或提供应税劳务,实行简易办法计算应纳税额,目前征收率为3%,征收率的调整由国务院决定;

四是小规模纳税企业的销售额不包括其应纳税额。

② 小规模纳税企业的账务处理。

小规模纳税企业只设置"应交税费——应交增值税"明细科目。其借方登记已缴纳的增值税额，贷方登记应缴纳的增值税额；期末贷方余额表示尚未缴纳的增值税额，借方余额表示多缴纳的增值税额。小规模纳税企业"应交增值税"明细科目下不设专栏。

小规模纳税企业购入货物无论是否具有增值税专用发票，其支付的增值税额均不计入进项税额，不得由销项额抵扣，而计入购入货物的成本。小规模纳税企业的销售收入按不含税价格入账。

【例8】甲企业为小规模纳税人，向一般纳税人乙企业购入原材料一批，取得的增值税专用发票上注明价款3 000元，增值税390元，价税合计3 390元。材料已验收入库，购货款以银行存款支付。甲企业账务处理如下：

借：原材料　　　　　　　　　　　　　　　3 390
　　贷：银行存款　　　　　　　　　　　　　　　　3 390

【例9】某小规模纳税企业本月份销售产品一批，所开出的普通发票上注明货款（含增值税）61 800元，增值税征收率为3%，款项尚未收到。该企业账务处理如下：

应纳税销售额 = 61 800 ÷ (1 + 3%) = 60 000（元）

应纳增值税额 = 60 000 × 3% = 1 800（元）

借：应收账款　　　　　　　　　　　　　　　61 800
　　贷：主营业务收入　　　　　　　　　　　　　　60 000
　　　　应交税费——应交增值税　　　　　　　　　1 800

2. 应交消费税的核算

（1）消费税的含义

消费税是指在我国境内生产、委托加工和进口应税消费品的单位和个人，按其流转额交纳的一种税。它是国家为正确引导消费方向，在普遍征收增值税的基础上，选择部分消费品，再征收一道消费税，如：烟、酒、化妆品、贵重首饰、小汽车、摩托车、车胎、鞭炮、烟火、汽油、柴油等。

（2）消费税的征收方法

消费税的计征方法有三种：**从价定率**、**从量定额**和**复合计征**。

① 实行**从价定率**办法计征消费税时，计算公式为：

应纳消费税额 = 不含增值税的销售额 × 消费税税率

② 实行**从量定额**办法计征消费税时，计算公式为：

应纳消费税额 = 销售数量 × 单位税额

（3）应交消费税的核算

① 账户设置。

消费税实行价内征收，缴纳消费税的企业应设置"应交税费——应交消费税"账户。该账户的贷方记录企业应缴纳的消费税，借方记录已缴纳的消费税；期末贷方余额表示尚未缴纳的消费税，借方余额表示多缴的消费税。

② 账务处理。

- 产品销售的账务处理

企业将生产的产品直接对外销售的，对外销售产品应缴纳的消费税，借记"税金及附加"科目，贷记"应交税费——应交消费税"科目。

【例10】上海家化公司销售一批化妆品，价款100 000元（不含增值税），适用的消费税税率为30％。

1）计算应交消费税，并完成会计分录

应纳消费税额＝100 000×30％＝30 000（元）

借：税金及附加　　　　　　　　　　30 000
　　　贷：应交税费——应交消费税　　　　　　　30 000

2）实际缴纳消费税后

借：应交税费——应交消费税　　　　30 000
　　　贷：银行存款　　　　　　　　　　　　　30 000

- 委托加工应税消费品的账务处理

委托加工应税消费品在会计处理时，需要缴纳消费税的委托加工物资，于委托方提货时，由受托方代扣代缴。委托加工应税消费品收回后，直接用于销售的，应将代扣代缴的消费税计入委托加工物资的成本，借记"委托加工物资"等科目，贷记"应付账款"、"银行存款"等科目；委托加工的应税消费品收回后用于连续生产应税消费品，按规定代扣代缴的消费准予抵扣，借记"应交税费——应交消费税"科目，贷记"应付账款"、"银行存款"等科目。

> **知识窗 8-2**
>
> 根据2008年12月18日财政部发布的财政部令第51号《中华人民共和国消费税暂行条例实施细则》（以下称"消费税实施细则"）第七条的规定：委托加工的应税消费品，是指由委托方提供原料和主要材料，受托方只收取加工费、代垫部分辅助材料加工的应税消费品；对于由受托方提供原材料生产的应税消费品，或者受托方先将原材料卖给委托方，然后再接受加工的应税消费品，以及由受托方以委托方名义购进原材料生产的应税消费品，不论纳税人在会计上是否作销售处理，均不得作为委托加工应税消费品，而应当按照销售自制应税消费品缴纳消费税。

【例11】乙公司委托甲公司加工应税消费品。乙公司发出的原材料实际成本为100 000元，不含税加工费用8 000元，消费税率10％，增值税率13％。两公司均为一般纳税人，有关款项收付均已通过银行结清。

如果乙公司收回委托加工物资后准备直接出售，则乙公司的账务处理如下：

1）发出材料委托加工时

借：委托加工物资　　　　　　　　　100 000
　　　贷：原材料　　　　　　　　　　　　　　100 000

2）支付加工费，缴纳增值税、消费税时

　　　　借：委托加工物资　　　　　　　　　　　　　　　20 000
　　　　　　应交税费——应交增值税（进项税额）　　　 1 040
　　　　　　贷：银行存款　　　　　　　　　　　　　　　　　　21 040
提示：消费税计税价格 =（100 000 + 8 000）÷（1 − 10%）= 120 000（元）；
应纳消费税 = 120 000 × 10% = 12 000（元）；
应纳增值税 = 8 000 × 13% = 1 040（元）；
计入"委托加工物资"账户的金额 = 8 000 + 12 000 = 20 000（元）。
　3）收回委托加工物资，验收入库时
　　　　借：库存商品　　　　　　　　　　　　　　　　　120 000
　　　　　　贷：委托加工物资　　　　　　　　　　　　　　　　120 000

如果乙公司委托加工物资收回后用于连续生产，则乙公司的账务处理如下：
1）发出材料委托加工时
　　　　借：委托加工物资　　　　　　　　　　　　　　　100 000
　　　　　　贷：原材料　　　　　　　　　　　　　　　　　　　100 000
2）支付加工费，缴纳增值税、消费税时
　　　　借：委托加工物资　　　　　　　　　　　　　　　　8 000
　　　　　　应交税费——应交增值税（进项税额）　　　 1 040
　　　　　　　　　　　——应交消费税　　　　　　　　　12 000
　　　　　　贷：银行存款　　　　　　　　　　　　　　　　　　21 040
3）收回委托加工物资，验收入库时
　　　　借：原材料　　　　　　　　　　　　　　　　　　108 000
　　　　　　贷：委托加工物资　　　　　　　　　　　　　　　　108 000

3. 城市维护建设税的核算

城市维护建设税以纳税人实际缴纳的**增值税和消费税**为计税依据，分别与上述两税同时缴纳。其计算公式如下：

$$应纳城建税税额 =（实际缴纳的增值税 + 实际缴纳的消费税）× 适用税率$$

城市维护建设税按纳税人所在市区、县城、其他地区分别实行 7%、5% 和 1% 的差别税率。

企业按规定计算出的城市维护建设税，借记"税金及附加"，贷记"应交税费——应交城市维护建设税"；实际缴税时，借记"应交税费——应交城市维护建设税"科目，贷记"银行存款"科目。

【例12】 某企业本月缴纳增值税 120 000 元，缴纳消费税 80 000 元，该企业所在城市的城市维护建设税税率为 7%，所作财务处理如下：

应纳城市维护建设税 =（120 000 + 80 000）× 7% = 14 000（元）
　　　　借：税金及附加　　　　　　　　　　　　　　　　14 000
　　　　　　贷：应交税费——应交城市维护建设税　　　　　　　14 000

4. 应交教育费附加的核算

教育费附加是为扩大地方基础教育经费的资金来源，而征收的一种带有规费性质的专项资金。它不是一种税,而是专项用于发展地方教育事业的经费。当企业计算教育费附加时,借记"税金及附加"账户,贷记"应交税费——应交教育费附加"账户;实际缴纳时,借记"应交税费——应交教育费附加"账户,贷记"银行存款"账户。

教育费附加以各单位实际缴纳的增值税、消费税的税额为计税依据,并分别与"两税"同时缴纳,征收率为"两税"税额的3%。其计算公式为:

$$应纳教育费附加 = (实际缴纳的增值税 + 实际缴纳的消费税) \times 3\%$$

【例13】某企业本月缴纳增值税120 000元,缴纳消费税80 000元,该企业的教育费附加的核算如下:

应纳教育费附加 = (120 000 + 80 000) × 3% = 6 000(元)

借:税金及附加　　　　　　　　　　　　　　6 000
　　贷:应交税费——应交教育费附加　　　　　　　　6 000

5. 其他税费

计缴房产税、土地使用税、车船税时,借记"税金及附加",贷记"应交税费——应交××税"。

印花税不需预缴,所以不通过"应交税费"科目核算。购买印花税票时,应借记"税金及附加"账户,贷记"银行存款"或"库存现金"账户。

第七节　其他流动负债

一、应付股利的核算

1. 应付股利的含义

企业分配给投资者的利润,在实际未支付给投资者之前,形成了一笔负债。企业在核算时,首先应按国家规定的利润分配顺序,提取有关的盈余公积金,然后才能在投资者之间进行分配。

2. 账户设置

为了总括地反映和监督应付、已付利润的情况,设置"应付股利"科目。应付股利包括应付国家、其他单位以及个人的投资利润。

"应付股利"科目的贷方登记应付的利润和退回多付的利润,借方登记已付的利润;贷方余额表示未支付的利润,借方余额表示多付的利润。

3. 应付股利的主要账务处理

月末,企业按规定计算出当月应付给投资者的利润,借记"利润分配"科目,贷记"应付股利"科目。企业支付的利润借记"应付股利"科目,贷记"银行存款"科目。

【例1】某企业3月31日按协议规定应付给A单位投资利润30 000元,4月2日开出支票支付应付利润。账务处理如下:

1) 3月31日计算应付利润
  借：利润分配——应付股利   30 000
    贷：应付股利   30 000
2) 4月2日支付利润
  借：应付股利   30 000
    贷：银行存款   30 000

二、应付利息的核算

1. 应付利息的含义

"应付利息"账户核算企业按照合同约定支付的利息，包括分期付息到期还本的长期借款、短期借款、企业债券等应支付的利息。

2. 账户设置

企业应当设置"应付利息"账户，按照债权人的设置进行明细账核算，该账户期末贷方余额反映企业按照合同约定应支付但尚未支付的利息。

3. 应付利息的账务处理

企业采用合同约定的名义利率计算确定利息费用时，应按合同约定的名义利率计算确定的应付利息的金额，计入"应付利息"贷方；实际支付利息时，借记"应付利息"，贷记"银行存款"。

【例2】企业借入5年到期还本每年付息的长期借款5 000 000元。合同约定年利率为3%，假定不符合资本化条件。该企业的有关账务处理如下：
1) 每年计算确定利息费用时
  借：财务费用   150 000
    贷：应付利息   150 000
企业每年应支付的利息 = 5 000 000 × 3% = 150 000（元）
2) 每年实际支付利息时
  借：应付利息   150 000
    贷：银行存款   150 000

本章小结

◆ 负债按偿还期限的长短分为流动负债和非流动负债两大类。流动负债是指将在一年或超过一年的一个营业周期内要偿还的债务，包括短期借款、应付票据、应付账款、预收账款、应付职工薪酬、应付股利、应交税费、其他应付款、一年内到期的非流动借款等。

◆ 设置"短期借款"账户核算短期借款本金的增减情况。注意计提短期借款利息时，借记"财务费用"，贷记"应付利息"。

◆ 设置"应付票据"账户核算企业因购买材料、商品或接受劳务供应等而开出承兑的商业汇票。对于逾期的应付票据，应将应付票据账面余额转作应付账款处理。

◆ 应付和预收款项包括应付账款、预收账款和其他应付款。企业购买材料、商品或接受劳务等的未付款，计入"应付账款"。企业确实无法支付的应付账款，应直接转入"营业外收入"。预收款业务不多的企业可以不设"预收账款"账户而用"应收账款"账户来核算。其他应付款是指应付暂收其他单位或个人的款项，如：应付经营租入固定资产和包装物的租金、存入保证金（如：收取的押金）等。

◆ 企业月末应进行工资费用分配，借记相关成本费用类科目，贷记"应付职工薪酬"。分配时，生产工人工资借记"生产成本"，车间管理人员工资借记"制造费用"，行政管理人员工资借记"管理费用"，销售机构人员工资借记"销售费用"，在建工程人员工资借记"在建工程"，其他业务人员工资借记"其他业务成本"。

◆ "应交税费"账户主要核算包括依法交纳的增值税、消费税、城市维护建设税、个人所得税等各种税金及应纳的教育费附加等。

◆ 增值税纳税人分为一般纳税人和小规模纳税人。

◆ 一般纳税人核算增值税时，在"应交税费——应交增值税"明细科目下，分别设置"进项税额"、"进项税额转出"、"销项税额"、"已交税金"等专栏；小规模纳税人只需设置"应交税费——应交增值税"账户，不设专栏。

◆ 一般纳税人购入物资或接受应税劳务支付的增值税符合条件能抵扣的，可单独作为进项税额核算，从销售物资或提供劳务按规定收取的增值税（销项税额）中抵扣，而小规模纳税人支付的增值税不得从销项税额中抵扣（没有进项税额），而是计入所购货物的成本。

◆ 一般纳税人缴纳当月增值税，计入"应交税费——已交税金"。

◆ 如果销售业务涉及消费税，应借记"税金及附加"，贷记"应交税费——应交消费税"。

◆ 城市维护建设税是根据纳税人实际应纳的增值税、消费税税额和适用税率计算缴纳的一种附加税。

◆ 企业按规定计算应代缴的职工个人所得税，应贷记"应交税费——应交个人所得税"。

◆ 房产税、车船税、土地使用税发生时，借记"税金及附加"，贷记"应交税费——应交××税"。

◆ 印花税、耕地占用税等不通过"应交税费"账户核算。

第九章　非流动负债

【学习目标】

通过本章学习，熟悉非流动负债的概念、内容及特征；掌握长期借款基本业务的核算；了解应付债券的发行方式及发行价的影响因素；了解长期应付款的核算内容。

第一节 非流动负债概述

一、非流动负债的特点

1. 非流动负债的定义

非流动负债是指除流动负债以外的负债，主要包括**长期借款**、**应付债券**、**长期应付款**和**专项应付款**等。

需要注意的是：流动负债和非流动负债的区分并不是绝对的，譬如有些应付账款，由于债务人无款支付或其他原因，使其超过了一年或一个营业周期，但仍将其归入流动负债；非流动负债中如果有将于一年内或一个营业周期内到期的，譬如一年内到期的长期借款等，则应视为流动负债，在资产负债表中作为"一年内到期的流动负债"项目单独反映。

2. 非流动负债的主要特征

① 非流动负债主要以购建固定资产、扩大生产经营规模，满足其长期占用的大量资金需要等为目的。

② 非流动负债偿付期长，数额较大。

二、非流动负债的确认与计价

1. 非流动负债的确认

① 符合非流动负债的定义。

② 具有负债的一般特征：一是过去或现在已经完成的经济活动所形成的现时债务责任；二必须是能够用货币确切计量或合理估计的债务责任；三是必须在未来用资产或劳务来偿付的确实存在的债务；四是一般应有确切的债权人和偿付日期，或者债权人和偿付日期可以合理地估计、确定。

③ 具有非流动负债的主要特征。

2. 非流动负债的计价

我国现行制度规定，非流动负债应当以**实际发生额**入账。不同方式取得的非流动负债，其实际发生额的具体构成不同。

第二节 长期借款

一、长期借款的含义

长期借款是指企业从银行、其他金融机构或其他单位借入的，偿还期在一年以上的各种款项，一般用于购置固定资产、生产经营周转、改扩建工程等方面。

长期借款按借款条件分为抵押借款、信用借款和担保借款；按借款用途分为基本建设借款、技术改造借款和生产经营借款；按借款偿还方式分为定期偿还借款和分期偿还借款；按借款币种分为人民币借款和外币借款。

二、长期借款的核算

1. 账户设置

企业应设置"长期借款"账户，用于核算企业向银行或其他金融机构借入的期限在一年以上（不含一年）的各项借款。借方用来核算长期借款的减少数；贷方核算企业长期借款的增加数；贷方余额表示企业尚未偿还的长期借款。

"长期借款"账户下，应按贷款单位及贷款种类设置明细账。

> **知识窗 9-1**
>
> 借款费用是指企业因借入资金而发生的有关费用，包括：因借入资金而发生的利息，折价或溢价的摊销、辅助费用，以及因外币借款而发生的汇兑差额。
>
> 借款费用的处理方法如下：
>
> ① 属于筹建期间发生的借款费用，计入"管理费用"。
>
> ② 属于生产期间发生的借款费用及与购建固定资产有关的按规定不予资本化的借款费用，计入"财务费用"。
>
> ③ 与购建固定资产有关，并满足资本化条件的借款费用，计入"在建工程"。

2. 长期借款的账务处理

① 取得长期借款时，按实际取得额，借记"银行存款"账户，贷记"长期借款"账户。

② 计提长期借款利息时，借记"在建工程"或"财务费用"或"管理费用"账户，贷记"长期借款"账户或"应付利息"账户。

③ 归还长期借款本息时，借记"长期借款"等账户，贷记"银行存款"账户。

> **知识窗 9-2**
>
> 《企业会计准则——借款费用》第五条规定：
>
> 第五条　借款费用同时满足下列条件的，才能开始资本化：
>
> （一）资产支出已经发生，资产支出包括为购建或者生产符合资本化条件的资产而以支付现金、转移非现金资产或者承担带息债务形式发生的支出；
>
> （二）借款费用已经发生；
>
> （三）为使资产达到预定可使用或者可销售状态所必要的购建或者生产活动已经开始。

【例1】甲企业经批准于2017年1月3日取得生产周转借款45 000元，借款期限两年，年利率8%，单利计息，到期一次还本付息。则甲企业取得借款、计息及归还本息的账务处理如下：

1）取得借款时
  借：银行存款   45 000
    贷：长期借款——本金   45 000

2）每月计提借款利息

$45\,000 \times 8\% \div 12 = 300$（元）

  借：财务费用   300
    贷：长期借款——应付利息   300

3）到期归还借款本息
  借：长期借款——本金   45 000
    长期借款——应付利息 7 200
    贷：银行存款   52 200

提示：应归还的总利息 = $45\,000 \times 8\% \times 2 = 7\,200$（元）；
   应归还的本利和 = $45\,000 + 7\,200 = 52\,200$（元）。

需要注意的是：假设把"到期一次还本付息"改为"每年付息一次，到期还本"则计提利息时应贷记"应付利息"账户。

【例2】A公司从银行取得生产周转借款30万元，期限三年，年利率8%，复利计息，每年计息一次，到期一次还本付息。则A公司取得借款、年末计息及归还本息的账务处理如下（为了简化起见，假设利息按年计提）：

1）取得借款时
  借：银行存款   300 000
    贷：长期借款——本金   300 000

2）第一年年末计提借款利息时

$300\,000 \times 8\% = 24\,000$（元）

  借：财务费用   24 000
    贷：长期借款——应付利息   24 000

3）第二年年末计提借款利息时

$(300\,000 + 24\,000) \times 8\% = 25\,920$（元）

  借：财务费用   25 920
    贷：长期借款——应付利息   25 920

4）第三年年末计提借款利息时

$(300\,000 + 24\,000 + 25\,920) \times 8\% = 27\,993.6$（元）

  借：财务费用   27 993.6
    贷：长期借款——应付利息   27 993.6

5）到期归还借款本息
  借：长期借款——本金   300 000
    长期借款——应付利息 77 913.6
    贷：银行存款   377 913.6

提示：应归还的总利息 = $24\,000 + 25\,920 + 27\,993.6 = 77\,913.6$（元）；
   应归还的本利和 = $300\,000 + 77\,913.6 = 377\,913.6$（元）。

> **知识窗 9-3**
>
> 单利计息是指只有本金计息，而利息不计息的方法。复利计息是指除了本金计息外，每期的利息还要计息，即每次按本利和计息的方法。

说明： 本教材不介绍借款费用的计算和借款费用资本化核算。

第三节 其他非流动负债

一、应付债券

1. 应付债券的含义

应付债券是企业依照法定程序发行的，约定在一定期限内还本付息的一种书面承诺。它是企业以发行债券的形式，向社会筹资所形成的一种非流动负债。

2. 企业债券的内容

企业债券必须记载以下几方面内容：
① 发行债券企业的名称、地址。
② 债券的票面金额及票面利率。
③ 还本付息的期限和方式。
④ 发行债券的日期和编号。
⑤ 发行企业的印鉴和法定代表人的签字。
⑥ 审批机关文号、日期。

3. 应付债券的特点

应付债券与长期借款相比，具有以下主要特点：

（1）**筹资范围广**

长期借款的债权人一般限于银行或其他金融机构；而应付债券的债权人可以是单位也可以是个人，筹资范围更为广泛。

（2）**债权人对债务人的了解程度低**

长期借款的债权人一般限于银行或其他金融机构，其对于企业的偿债能力一般更为了解；而企业发行债券时，购买单位或个人一般对于企业的偿债能力了解程度较低。

（3）**流动性强**

债券作为一种有价证券，具有较强的流动性；而长期借款只有证明债权债务关系的契约，一般不能自由流通。

4. 应付债券的发行方式

企业发行债券时，按发行价格与债券面值之间的差异可以分为平价发行、溢价发行和折价发行。债券折价和溢价是由于债券的票面利率与发行时市场利率的不同所引起的。

(具体见表9-1)

表 9-1

平价发行	平价发行指按照债券的面值发行。 当债券的票面利率等于发行时的市场利率时,债券平价发行。
溢价发行	溢价发行指按高于债券面值的价格发行。 当债券的票面利率高于发行时的市场利率时,债券按溢价发行。 债券溢价对于发行企业而言,实质上是在债券到期前对发行企业各期多付利息的一种补偿,是对债券利息费用的一项调整。
折价发行	折价发行指按低于债券面值的价格发行。 当债券的票面利率低于发行时的市场利率时,债券按折价发行。 债券折价对于发行企业而言,实质上是预先付给债券购买者的一笔利息,它可从以后各期少付的利息中获得补偿,是对债券利息费用的一项调整。

5. 应付债券核算的账户设置

企业设置"应付债券"账户用来反映企业为筹集长期资金而发行的债券及应付的利息。该账户贷方登记发行债券的面值、溢价、折价的摊销金额及应计的债券利息;借方登记债券折价、溢价的摊销金额及偿还的本息数;期末余额在贷方,表示尚未偿还的本息。

在该账户下,还应设置"**面值**"、"**利息调整**"、"**应计利息**"等明细账户进行核算。

说明: 本教材不介绍应付债券的核算。

二、长期应付款

1. 长期应付款的含义

长期应付款指企业采用**补偿贸易方式引进国外设备或融资租入固定资产**等业务中形成的一项负债。

2. 长期应付款的核算内容

(1) 应付补偿贸易引进设备款

以补偿贸易引进国外设备时,企业应按引进设备等的价款及国外运杂费等作为长期应付款进行核算。企业用人民币支付的进口关税、国内运杂费等不作为长期应付款核算,但应计入固定资产成本。

> **知识窗 9-4**
>
> 补偿贸易是贸易的甲方(外商)向乙方(国内企业)出口机器设备或生产技术、原辅材料等,其价款乙方不需支付现汇,而用其生产的产品分期抵付进口设备、技术的价款及利息。其中,用提供的机器和设备、技术等生产的产品偿还,称为"直接补偿",用其他产品偿还的叫做"间接补偿"。国外也把补偿贸易称为"回购"或"互购"。

(2) 应付融资租入固定资产租赁费

融资租入固定资产是企业负债购置固定资产的一种常见形式。当企业采用融资租赁方式取得固定资产时,要承担与资产所有权有关的全部风险和报酬,并且承租方应对租入设备向出租方支付的租赁费作为长期应付款进行核算。

3. 长期应付款的账户设置

企业应设置"长期应付款"账户用于核算采用补偿贸易方式下引进国外设备价款及应付融资租入固定资产的租赁费。该账户贷方登记长期应付款及其利息支出;借方登记归还长期应付款的本息;贷方余额表示尚未偿还的长期应付款的本息。

"长期应付款"账户下应按长期应付款的种类设置明细账。

说明: 本教材不介绍长期应付款的核算。

三、专项应付款

专项应付款是指企业接受国家拨入的具有专门用途的专项拨款(如:用于技术改造的专款等)及其他来源取得的款项。

> **知识窗 9-5**
>
> 专项拨款是指企业主管部门或者有关方面拨给企业用于完成专项任务的拨款。现阶段主要有工业企业、施工企业的新产品试制费拨款、中间试验费拨款和重要科研补助费的科技三项费用拨款等。

说明: 本教材不介绍专项应付款的核算。

本章小结

◆ 非流动负债是指偿还期在一年或超过一年的一个营业周期以上的负债。一般包括长期借款、应付债券、长期应付款和专项应付款等。

◆ 企业应设置"长期借款"账户核算长期借款的增减情况。

◆ 长期借款的借款费用属于筹建期间的,作为"管理费用"处理,属于生产经营期间的,计入"财务费用";属于购建固定资产符合资本化条件的长期借款费用,计入"在建工程";作为固定资产成本组成部分,不能资本化的借款费用,计入"财务费用"。

◆ 长期应付款主要包括应付补偿贸易引进设备款和应付融资租赁款。

第十章　所有者权益

【学习目标】

通过本章学习，了解所有者权益的概念、特征及其构成内容；掌握实收资本基本业务的核算；掌握资本公积基本业务的核算；熟悉盈余公积的来源和用途；掌握留存收益基本业务的核算。

第一节 所有者权益概述

一、所有者权益的含义及内容

1. 所有者权益的定义

根据现行会计准则,所有者权益是指企业资产扣除负债后,由所有者享有的剩余权益。公司的所有者权益也称为股东权益。所有者权益来源于所有者投入资本、直接计入所有者权益的利得和损失、留存收益等。

2. 所有者权益和负债的区别

债权人和投资者对企业的资产均拥有要求权,在会计上称为"权益",但是负债和所有者权益之间存在着明显的区别,主要有:

(1) 对象不同

负债是企业对**债权人**承担的经济责任;所有者权益是企业对**投资者**承担的经济责任。

(2) 性质不同

企业与债权人的关系是**债权债务关系**;企业与投资者的关系是**产权归属关系**。

(3) 偿还的期限不同

负债**必须于一定时期内或特定日期偿还**。所有者权益**一般只有在企业破产清算时**,才能将剩余财产还给投资者,在企业持续经营的情况下,一般不能收回投资(除按法律程序减资外)。

(4) 享受的权利不同

债权人无权参与企业的生产经营决策,也无权分享企业的盈利,**只享有到期收回债权的本金和利息的权利**;投资者则**拥有企业的生产经营决策权和利润分配权等权利**(或者承担投资亏损)。

因此,所有者权益是企业所有者对企业**剩余资产**的要求权,即企业全部资产减去全部负债后的余额。

从会计核算角度看,不同组织形式的企业,对资产、负债、收入、费用和利润的核算并无太大差别,但在所有者权益的核算上差别很大,尤其是股份有限公司的核算最为复杂。本章主要以非股份公司所有者权益核算为例。

二、所有者权益的分类

所有者权益按其形成来源,可分为**投入资本**和**留存收益**等。

1. 投入资本

投入资本是所有者投入企业的资本,它还可以进一步划分为**实收资本**和**资本公积**。资本公积由资本溢价、其他资本公积等价值构成,它是已投入资本的一部分,但不同于实收资本。法律规定,实收资本是不得任意减少的资本,而资本公积则是可以减少的资本,如:资本公积可用来转增资本。

2. 留存收益

留存收益是企业生产经营活动所产生的利润在缴纳企业所得税后的留存部分，企业形成其税后利润后，按规定，形成盈余公积，用于扩大生产、弥补亏损、建造职工福利设施等，之后，向投资者分配利润，尚未分配的部分形成企业的未分配利润。**盈余公积**和**未分配利润**构成了企业的留存收益。

在我国现行的会计核算制度中，为了反映所有者权益的构成，将所有者权益分为实收资本（或股本）、资本公积、盈余公积和未分配利润等四部分（图10-1），分别设置总账或明细账户进行核算，并在资产负债表中予以反映。

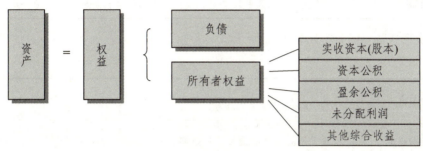

图10-1　资产负债及所有者权益关系图

说明：本教材不介绍其他综合收益的含义及其核算。

第二节　实收资本

一、实收资本的概念

1. 实收资本的定义

企业的经营运转，必须要有一定的"本钱"，即开办企业要具备的必要财产。我国《企业法人登记管理条例》明确规定，企业申请开业，必须具备符合国家规定并与其生产经营和服务规模相适应的资金数额。实收资本则是指投资者按照企业章程或合同、协议的约定，**实际投入企业的各种资产的价值**。

> **知识窗 10-1**
>
> ◆ 资本是企业所有者投入企业生产经营，并能产出收益的资金。
> ◆ 资本金是企业法人在工商行政管理部门登记注册的资金，它不得少于对该行业及经营方式所规定的法定资金限额。在不同类型的企业中，资本金的表现形式也有所不同：股份公司称为股本，其他企业则称为实收资本。
> ◆ 资金是对企业资产的泛指，强调价值的货币表现形式，涵盖了资本金、资本。

2. 投入资本的分类

按投资主体的不同分类如表 10-1 所示。

表 10-1

按投资主体不同分类	国家资本金	指有权代表国家投资的政府部门或机构以国有资产投入企业形成的资本金
	法人资本金	指其他法人单位以其合法可以支配的资产投入企业形成的资本金
	个人资本金	指社会个人或者本企业内部职工以个人合法财产投入企业形成的资本金
	外商资本金	指外商投资者以及我国香港、澳门和台湾地区投资者投入企业形成的资本金

按投资形式的不同分类如表 10-2 所示。

表 10-2

按投资形式不同分类	货币资本	指企业接受货币方式投资，如：银行存款等
	实物资本	指企业接受固定资产、流动资产等实物资产投资，如：厂房、设备、原材料等
	无形资产	指企业接受的无形资产投资，包括专利权、商标权、非专利技术、土地使用权等

3. 资本金的筹集与管理

我国新修订的《公司法》规定，从 2014 年起**放宽公司注册资本登记条件，即**取消有限责任公司的法定最低注册资本，取消增资出资比例和缴足出资期间限制；并将"**注册资本实缴登记制**"改为"**注册资本认缴登记制**"，即除法律、法规、国务院决定对公司注册资本有最低限额规定的以外（如：证券公司、保险公司、商业银行、国际货物运输代理公司等），由公司股东自行约定认缴出资额、出资方式和出资期限等。同时简化登记事项和登记文件，即取消了对"实收资本"记载于营业执照的要求；不再要求股东出资额在公司登记机关登记；不再要求对股东出资进行验资；不再要求企业年检，而改为年度报告公示制度。

二、实收资本的核算

1. 账户设置

由于企业组织形式的不同，用于核算投资者投入资本增减变动情况的方法也不同，股份有限公司应设置"股本"科目，一般企业均设置"实收资本"科目进行核算。

"实收资本"账户的贷方反映企业实际收到所有者投入企业各种资产的价值或按规定从资本公积金和盈余公积金中转增的资本；借方反映按规定程序减少认缴资本的数额；期末贷方反映企业实有的资本数额。

"实收资本"账户按投资人设置明细账。

需要注意的是：企业收到投资者的投资，可能是现金，可能是实物，也有可能是无形资产，如果其投资价值超过该投资者在认缴资本所占的份额部分，将作为资本溢价或股本溢价，在"资本公积"账户中核算。

2. 一般企业接受投资的账务处理

（1）接受货币资产投资

企业接受的货币资产投资可以是人民币，也可以是外币。一般按照实际收到的金额，借记"银行存款"账户，贷记"实收资本"账户。

【例1】光明实业发展有限公司收到国家投入企业的资本 200 000 元，法人投入的资本 100 000 元，外商投入资本 10 000 美元，收到外币款项时的市场汇率为1：6.6，所有款项已存入光明实业发展有限公司的开户银行——建设银行上海市分行营业部，根据银行收款凭证，光明实业发展有限公司作如下会计分录：

借：银行存款——建设银行上海市分行营业部　　366 000
　　贷：实收资本——国家资本金　　　　　　　　　　　　200 000
　　　　　　　　　——法人资本金　　　　　　　　　　　　100 000
　　　　　　　　　——外商资本金　　　　　　　　　　　　 66 000

（2）接受实物资产投资

企业接受的实物资产投资包括房屋、建筑物、机器设备、各种存货等，应以投资各方确认的价值作为实收资本入账，在办理完产权变动的手续后借记"固定资产"、"原材料"、"库存商品"等账户，贷记"实收资本"账户。

【例2】A 企业收到 B 企业投入的不需安装的旧设备一套，B 企业的账面原值为 200 000 元，累计折旧为 50 000 元，该设备的双方确认价为 170 000 元（假设暂不考虑相关税费）。A 企业作如下会计分录：

借：固定资产　　　　　　　　　　　　　　　170 000
　　贷：实收资本——B 企业投资　　　　　　　　　　　170 000

（3）接受无形资产投资

企业接受的无形资产投资包括专利权、商标权、非专利技术、土地使用权等。根据国家规定，我国有限责任公司的投资者和股份有限公司的发起人以工业产权（指专利权和商标权）、非专利技术作价出资的金额不得超过注册资本的 20%，如因情况特殊需要超过 20%，应当经工商行政管理机关审查批准，但最高不得超过注册资本的 30%，国家对采用高新技术成果有特别规定的除外。

当企业收到无形资产投资时，按合同、协议或公司章程规定，在移交有关凭证时，按确定的无形资产价值，借记"无形资产"账户，贷记"实收资本"账户。

【例3】某企业接受 A 公司以非专利技术投资，经过双方评估确认该项非专利技术价值 100 000 元（假设暂不考虑相关税费）。

借：无形资产——非专利技术　　　　　　　　100 000
　　贷：实收资本——A 公司投资　　　　　　　　　　　100 000

需要注意的是：股份制企业在首次发行股票时接受无形资产投资，无形资产的入账金额应按投资企业无形资产的账面价值来确定。

说明：本教材不介绍股本的核算。

第三节 资本公积

一、资本公积概述

1. 资本公积与实收资本

资本公积与实收资本同属于所有者权益中的投入资本，但它又不同于实收资本，它是企业收到的投资者超出其在企业注册资本（或股本）中所占份额的投资，以及直接计入所有者权益的利得和损失。

所以，实收资本反映投资者投入的原始投资，属于法定资本，与企业的注册资本相一致，并通过资本的投入求得经济利益；而资本公积则具有特定的来源。两者关系如图 10-2 所示。

图 10-2　实收资本与资本公积

2. 资本公积与盈余公积

资本公积与盈余公积也有区别：其来源不同。盈余公积来自于企业的净利润；资本公积并不来源于企业的净利润，资本公积的形成具有特定的来源，企业应根据资本公积的来源，分别进行账务处理。

二、资本公积的核算

1. 账户设置

为了全面反映企业资本公积的各项来源及其使用，应设置"资本公积"账户进行核算。该账户的贷方反映各项资本公积的来源；借方反映按规定用途转出的资本公积；期末余额在贷方，反映企业实有的资本公积数。

资本公积账户按其来源的不同设置明细账，主要有：
① 资本（股本）溢价；
② 其他资本公积。

2. 资本公积的核算

（1）**资本溢价的核算**

资本溢价是指投资者实际缴入的出资额超过按认缴资本和投资比例所确定的其出资额的差额。

【例1】 瑞丰有限责任公司由A、B、C、D四位投资者合资经营，认缴注册资本达500万元。经营4年后，新投资者E公司要求加入，并投入125万元取得瑞丰有限责任公司20%的投资份额。瑞丰有限责任公司接受E公司投入125万元存入银行，账务处理如下：

借：银行存款　　　　　　　　　　　　　1 250 000
　　贷：实收资本——E公司　　　　　　　　　　　1 000 000
　　　　资本公积——资本溢价　　　　　　　　　　　250 000

提示： 实收资本 = 5 000 000 × 20% = 1 000 000（元）

（2）**资本公积减少的核算**

企业的资本公积，可以根据需要按照法定程序转增为资本。

【例2】 永乐有限责任公司以资本公积100 000元转增资本时，其会计分录如下：

借：资本公积　　　　　　　　　　　　　100 000
　　贷：实收资本　　　　　　　　　　　　　　　　100 000

说明： 本教材不介绍其他资本公积的核算。

第四节　盈余公积

一、盈余公积概述

1. 盈余公积的含义

盈余公积是指企业按照规定从净利润（减弥补以前年度亏损）中提取的积累资金。净利润也称为税后利润。

2. 盈余公积的分类

盈余公积按其提取方式不同，可分为：

（1）**法定盈余公积**

根据公司法规定，公司制企业（即有限责任公司和股份有限公司）按照净利润的10%提取，非公司制企业也可按照超过净利润10%的比例提取盈余公积。当法定盈余公积的累计金额达到认缴资本的50%时可不再提取。

（2）**任意盈余公积**

任意盈余公积由公司制企业按股东会决议提取，其他企业则根据需要提取。

3. 法定盈余公积的主要用途

（1）弥补亏损

弥补亏损的渠道主要有：

一是以后年度**税前利润补亏**，弥补期限不得超过 5 年；

二是企业发生亏损用税前利润补亏，5 年后仍有亏损的，用**税后利润补亏**；

三是税后利润不足以补亏的，可用**盈余公积补亏**。

（2）转增资本

经股东大会或有关机构批准，可将盈余公积转增资本，但转增资本后的盈余公积金额不得少于注册资本的 25％。

（3）发放利润或分配股利

当公司无利润，就较难通过发放现金股利给予投资者回报。为维护企业形象，确保企业拥有良好的信誉。对于符合条件的企业，可用盈余公积发放现金股利，且分配股利或发放利润后的盈余公积不得低于认缴资本的 25％。

盈余公积分配股利，必须满足下列条件：

第一，用盈余公积弥补亏损后，该项公积金仍有结余；

第二，用盈余公积分配股利时，股利率不能太高，不得超过股票面值的 6％；

第三，分配股利后，法定盈余公积金不得低于注册资本的 25％。

二、盈余公积的核算

1. 账户设置

"盈余公积"账户属于所有者权益类账户，该账户贷方登记盈余公积的提取数（表示盈余公积的增加）；借方登记盈余公积的使用数（表示盈余公积的减少）；贷方余额表示盈余公积的结存数。

"盈余公积"账户设置"**法定盈余公积**"等明细账。

2. 提取盈余公积的核算

企业从净利润中提取各项盈余公积，应借记"利润分配"，贷记"盈余公积"。

【例1】远洋公司 2017 年实现净利润 100 万元，按规定提取税后利润的 10％为法定盈余公积。

借：利润分配——提取法定盈余公积　　　　100 000
　　贷：盈余公积——法定盈余公积　　　　　　　　　100 000

3. 使用盈余公积的核算

（1）盈余公积补亏的核算

当企业年度结算发生亏损时，可用以前年度结存的盈余公积金弥补亏损。弥补时借记"盈余公积"账户，贷记"利润分配——盈余公积补亏"账户。

【例2】宏远公司以前年度累计亏损 200 万元，并已超过税前利润弥补期，根据规定用结存的盈余公积弥补亏损。

借：盈余公积　　　　　　　　　　　　　2 000 000
　　贷：利润分配——盈余公积补亏　　　　　　　　2 000 000

（2）盈余公积转增资本的核算

经股东大会或有关机构批准，可将盈余公积转增资本，但转增资本后的盈余公积金额不得少于认缴资本的25%。

【例3】海达公司经批准，年终用盈余公积金40万元转增资本。

借：盈余公积　　　　　　　　　　　　400 000
　　贷：实收资本　　　　　　　　　　　　　　　　400 000

（3）盈余公积发放利润或分配股利的核算

原则上，企业当年无利润，不能发放利润，但为维持企业良好的形象，经批准，可用盈余公积发放利润。

【例4】海信股份有限公司董事会决定用盈余公积分派股利，共需支付250 000元。

借：盈余公积　　　　　　　　　　　　250 000
　　贷：应付股利　　　　　　　　　　　　　　　　250 000

第五节　未分配利润

一、未分配利润概述

1. 未分配利润的含义

未分配利润是企业已实现的税后利润经过弥补亏损、提取盈余公积、向投资者分配利润后留存在企业的、历年结存的净利润。

未分配利润和盈余公积合称为留存收益。

2. 未分配利润的计算

	期初	未分配利润
＋	本期	实现的净利润
－		提取的各种盈余公积
－		分配的利润
	期末	未分配利润

二、未分配利润的核算

1. 账户设置

未分配利润通过"利润分配——未分配利润"核算，该明细账反映企业全年实现的净利润（或净亏损）、利润分配、尚未分配的利润（或尚未弥补的亏损）。

"利润分配——未分配利润"的借方反映年终从"本年利润"账户转入的净亏损，并反映从"利润分配"的其他明细账户的余额转入的金额；贷方反映年终从"本年利润"账户转入的净盈利；年终结转后，"利润分配"的其他明细账户均无余额；"利润分配——未分配利润"如有贷方余额，表示企业历年结存的尚未分配的利润；"利润分配——未分配利润"如有借方余额，表示企业累积尚未弥补的亏损。

2. 未分配利润的账务处理

（1）年终结转"本年利润"的账务处理

1）年终企业亏损时

  借：利润分配——未分配利润
    贷：本年利润

2）年终企业盈利时

  借：本年利润
    贷：利润分配——未分配利润

（2）年终结转"利润分配"明细账户的账务处理

  借：利润分配——未分配利润
    贷：利润分配——提取法定盈余公积
       ——应付股利

【例】远洋公司 2017 年实现净利润 100 万元，按规定提取税后利润的 10％为法定盈余公积，公司在该年度不向投资者分配利润。

1）结转本年利润

  借：本年利润   1 000 000
    贷：利润分配——未分配利润   1 000 000

2）提取各项盈余公积

  借：利润分配——提取法定盈余公积 100 000
    贷：盈余公积——法定盈余公积   100 000

3）年终结转"利润分配"明细账户的账务处理

  借：利润分配——未分配利润   100 000
    贷：利润分配——提取法定盈余公积 100 000

4）计算"利润分配——未分配利润"的年终余额

1 000 000（贷方）－100 000（借方）＝900 000（元）（贷方）

所以，远洋公司当年未分配利润为 900 000 元。

本章小结

◆ 所有者权益是资产减去负债后的余额。所有者权益包括实收资本（或股本）、资本公积、盈余公积、未分配利润、其他综合收益等。所有者对企业资产的要求权置后于债权人对资产的要求权。

◆ 实收资本、资本公积是投资者投入资本形成的，盈余公积和未分配利润是企业所实现的利润留存企业所形成的。盈余公积和未分配利润合称为留存收益。

◆ "实收资本"账户反映企业收到投资者投入的占认缴资本份额的资本。收到投资者投入资本，借记资产类账户，贷记"实收资本"，收到资本超过认缴资本份额的部分计入

"资本公积"。

- ◆ 资本公积包括资本溢价和其他资本公积等。
- ◆ 盈余公积包括法定盈余公积、任意盈余公积。法定盈余公积按企业净利润的 10% 提取。
- ◆ 提取盈余公积时，借记"利润分配——提取盈余公积"，贷记"盈余公积"。盈余公积主要用于弥补企业亏损、转增资本和发放现金股利或利润。
- ◆ 用法定盈余公积和任意盈余公积弥补企业亏损时，借记"盈余公积"，贷记"利润分配——盈余公积补亏"；转增资本时，借记"盈余公积"，贷记"实收资本"。
- ◆ 未分配利润是通过"利润分配——未分配利润"加以核算的。

第十一章 收入、费用和利润

【学习目标】

通过本章学习，熟悉收入的含义和特点；熟悉销售商品收入的确认条件，掌握销售商品收入的基本业务核算；熟悉费用的含义和分类，掌握期间费用的核算；熟悉利润的构成；熟悉营业外收入和营业外支出的核算；掌握利润的核算；了解利润分配的顺序，熟悉利润分配的核算。

第一节 收 入

一、收入的含义

收入分狭义收入和广义收入两种：

狭义收入是指企业在销售商品、提供劳务及让渡资产使用权等日常活动中形成的会导致所有者权益增加的，与所有者投入资产无关的经济利益的总流入，即营业收入。它包括主营业务收入和其他业务收入。

广义收入除涵盖狭义的收入外，还包括在日常经营活动以外形成的收入和利得。主要表现为营业外收入等。

> **知识窗 11-1**
>
> ◆ 利得是企业边缘性或偶发性交易或事项的结果。如：出售无形资产、处置固定资产所产生的收益以及罚款收入等。
> ◆ 利得属于那种不经过经营过程就能取得或不曾期望获得的收益。如：政府补贴收益、因其他单位违约所收取的违约金等。

会计要素中的收入指的是狭义收入，也就是本章所讨论的内容。

二、收入的特点

第一，收入是在企业的日常经营活动中产生，而不是在偶尔交易或事项中产生；
第二，收入可表现为企业资产的增加或负债的减少；
第三，收入会最终导致企业的所有者权益增加；
第四，收入只包括本企业经济利益的流入。

三、营业收入的范围

营业收入按主次分为主营业务收入和其他业务收入两部分。

主营业务收入是指企业进行经常性业务取得的收入，如：商品销售收入，它是利润形成的主要来源。

其他业务收入是指企业在日常活动中取得的除主营业务收入以外的各项收入，如：工商企业的资产出租收入等。

营业收入还可按性质分为销售商品收入、提供劳务收入和让渡资产使用权等取得的收入。

四、销售商品收入的确认条件

销售商品收入确认应当同时满足下面四项条件：

第一，企业已将商品所有权上的主要风险和报酬转移给购货方。

第二，企业既没有保留通常与所有权相联系的继续管理权，也没有对已售出的商品实施控制。企业将商品所有权上的主要风险和报酬转移给购货方以后，如其仍将对该商品具有管理或控制权，购买方不能随意处置该商品，则不能确认收入。

第三，与商品交易相关的经济利益能够流入企业。

第四，相关的收入和成本能够可靠地计量。配比只有在商品的售价和成本均能够可靠地计量的情况下才能确认收入。

需要注意的是：

① 采用托收承付结算方式的销售，企业应在办妥托收手续后确认收入。

② 采用预收货款销售的商品，企业应在商品发出后确认收入。

③ 带有销售退回条件的商品销售，在无法估计退回可能性时，企业应在退货期满时确认收入。

④ 以委托代销方式销售商品的，企业应在收到代销方开来销售清单时确认收入。

⑤ 带有安装检验的商品销售，安装检验如果是商品销售的重要环节，企业应在安装检验结束才能确认收入。

> **知识窗 11-2**
>
> 确认是将某个项目作为一项资产、负债、收入、费用等正式入账，并列入企业财务报表的过程。

五、销售商品收入的核算

1. 账户设置

企业销售商品时，应设置如下主要账户：

（1）发出商品

该账户用来核算一般商品销售中已经发出但未能确认商品销售收入的商品的实际成本。借方登记发出商品的实际成本；贷方登记已确认收入的商品的实际成本；期末借方余额反映尚未确认收入的已发出商品成本。

（2）主营业务收入

该账户用来核算企业在销售商品、提供劳务及让渡资产使用权等日常活动中所产生的收入。借方登记因销售退回、销售折让等收入的减少数及期末转入"本年利润"账户的金额；贷方登记主营业务的销售收入的增加额；期末本账户余额转入"本年利润"账户后，本账户应无余额。

（3）主营业务成本

该账户用来核算企业因销售商品、提供劳务或让渡资产使用权等日常活动而发生的实际成本。借方登记结转的销售实际成本；贷方登记因销售退回的金额及期末转入"本年利润"账户的金额；期末本账户余额转入"本年利润"账户后，本账户应无余额。

（4）其他业务收入

该账户用来核算企业除主营业务收入外的其他销售或其他业务的收入，主要包括材料销售、包装物出租、无形资产出租等的收入。该账户贷方登记其他业务收入的增加数；借方登记应由其他业务负担的税金及附加的数额和期末转入"本年利润"账户的数额；期末本账户余额转入"本年利润"账户后，本账户应无余额。

（5）其他业务成本

该账户用来核算除主营业务成本外的其他销售或其他业务所发生的成本，包括销售材料、出租包装物成本的摊销、出租固定资产应负担的折旧费用、出租无形资产过程中发生的支出等。该账户借方登记其他业务成本的增加数；贷方登记期末转入"本年利润"账户的数额；期末本账户余额转入"本年利润"账户后，本账户应无余额。

2. 一般销售业务的核算

（1）主营业务的核算

① 企业采用现销方式销售产品，能在销售产品时收回货款，一般没有风险。在发出产品，收到货款时的会计分录为借记"银行存款"账户，贷记"主营业务收入"、"应交税费——应交增值税"账户。

② 企业销售商品时如果不符合收入确认条件，则不能确认收入。对已经发出的商品，企业应借记"发出商品"账户，贷记"库存商品"账户。

③ 企业采用现金折扣方式销售产品，能够促进销售，但存在款项无法收回（即坏账）的可能，有一定的风险。现金折扣是指为了鼓励客户尽快付款而给予的价值减让。

企业采用现金折扣方式销售产品，应根据具体情况，借记"应收票据"、"应收账款"等账户；根据实际价款贷记"主营业务收入"账户，根据收取的增值税销项税额，贷记"应交税费——应交增值税"账户。付款时如果有现金折扣，应借记"财务费用"账户。

④ 销售退回是指企业已经销售的产品，可能会由于产品的品种、质量等不符合购销合同的规定而被客户退回。企业收到退回的产品时，应退还货款或冲减应收账款，并冲减主营业务收入和增值税销项税额，借记"主营业务收入"、"应交税费——应交增值税"等账户，贷记"银行存款"、"应收账款"等账户。

⑤ 销售折让是所售商品由于品种、质量等不符合客户要求，而客户仍可继续使用的情况下，企业给予客户价格上的减让。发生销售折让时，应根据销售折让的数额，借记"主营业务收入"、"应交税费——应交增值税"等账户；贷记"银行存款"等账户。

【例1】甲公司为一般纳税人，12月发生以下商品销售主营业务，假设该公司在确认收入的同时随时结转已销商品的成本。

① 1日，采用支票结算方式销售A产品100件，价款100 000元，增值税13 000元，款项已收存入银行。100件A产品成本为80 000元。甲公司账务处理如下：

  借：银行存款   113 000
    贷：主营业务收入   100 000
      应交税费——应交增值税（销项税额） 13 000
  借：主营业务成本   80 000
    贷：库存商品   80 000

② 3日，采用托收承付结算方式销售给东方公司B产品1 000件，成本600 000元，增

值税发票上注明价款 800 000 元，增值税 104 000 元，该商品已经发出，并办妥了托收手续。但由于购货方资金周转暂时困难，甲公司在货款收回方面存在不确定性。甲公司账务处理如下：

　　借：发出商品　　　　　　　　　　　　600 000
　　　　贷：库存商品　　　　　　　　　　　　　600 000

同时将增值税专用发票上注明的增值税额作为应收账款。

　　借：应收账款——东方公司　　　　　　104 000
　　　　贷：应交税费——应交增值税（销项税额）　104 000

需要注意的是：第一，根据销售收入的确认条件，甲公司在销售时不能确认收入。因此，甲公司将售出商品列入"发出商品"账户核算；第二，增值税发票已开，纳税义务已存在，企业必须进行增值税的核算。

③ 22 日，东方公司经营情况好转，承诺近期付款时，甲公司可以确认收入，账务处理如下：

　　借：应收账款——东方公司　　　　　　800 000
　　　　贷：主营业务收入　　　　　　　　　　　800 000

同时结转已销成本。

　　借：主营业务成本　　　　　　　　　　600 000
　　　　贷：发出商品　　　　　　　　　　　　　600 000

④ 23 日实际收到东方公司货款，甲公司账务处理如下：

　　借：银行存款　　　　　　　　　　　　904 000
　　　　贷：应收账款——东方公司　　　　　　　904 000

⑤ 26 日，采用赊销方式销售给南方公司甲产品 300 件，价款 300 000 元，增值税 39 000 元；付款条件为（不含税计算）（2/10，1/20，n/30），该批甲产品成本为 275 000 元。甲公司账务处理如下：

　　借：应收账款——南方公司　　　　　　339 000
　　　　贷：主营业务收入　　　　　　　　　　　300 000
　　　　　　应交税费——应交增值税（销项税额）　39 000

同时结转已销商品成本。

　　借：主营业务成本　　　　　　　　　　275 000
　　　　贷：库存商品　　　　　　　　　　　　　275 000

⑥ 28 日，收到南方公司支票一张 333 000 元，甲公司账务处理如下：

　　借：银行存款　　　　　　　　　　　　333 000
　　　　财务费用　　　　　　　　　　　　　6 000
　　　　贷：应收账款——南方公司　　　　　　　339 000

提示：南方公司 28 日，甲公司给予 2% 的现金折扣为 300 000×2% = 6 000（元）。

⑦ 29 日，某客户因产品质量问题退回上月销售的 A 产品 200 件，价款 250 000 元，增值税 32 500 元，企业已将退货款以转账支票交给客户。该批 A 产品成本 240 000 元，已收存仓库。甲公司账务处理如下：

　　借：主营业务收入　　　　　　　　　　250 000

　　　　应交税费——应交增值税（销项税额）　　32 500
　　　　　贷：银行存款　　　　　　　　　　　　　　　　282 500
　　　借：库存商品　　　　　　　　　　240 000
　　　　　贷：主营业务成本　　　　　　　　　　　　　　240 000

⑧ 30 日，由于某客户发现所购甲产品有一件外观存在问题，甲公司同意给予该客户 10％的销售折让 1 130 元，销售折让款用转账支票交给客户。甲公司账务处理如下：

　　　借：主营业务收入　　　　　　　　1 000
　　　　　应交税费——应交增值税（销项税额）　　130
　　　　　贷：银行存款　　　　　　　　　　　　　　　　1 130

　　需要注意的是：销售退回与销售折让的相同点在于退货款和折让款均作冲减主营业务收入处理，即借记"主营业务收入"账户。两者的不同点在于销售折让时，所售商品不退回。

　　（2）其他业务的核算

　　【例2】甲公司为一般纳税人，3 月 7 日销售原材料一批，价款 10 000 元，增值税 1 300 元，款项收到存入银行。该批原材料实际成本 10 000 元。假设该公司在确认收入的同时随时结转已销商品的成本。甲公司账务处理如下：

　　　借：银行存款　　　　　　　　　　11 300
　　　　　贷：其他业务收入　　　　　　　　　　　　　　10 000
　　　　　　　应交税费——应交增值税（销项税额）　　1 300

　　同时结转该批原材料实际成本。

　　　借：其他业务成本　　　　　　　　10 000
　　　　　贷：原材料　　　　　　　　　　　　　　　　　10 000

3. 分期收款销售的核算

　　分期收款销售是指企业与客户商定在销售产品以后的一定期间内采用分期收取货款方式销售产品。一般来说，采用分期收款方式销售的产品价值较高，分期收款的周期也较长。在客户一次付清货款有一定困难的情况下，分期收款销售也是一种促销手段。

　　在我国，采用分期收款方式销售产品，发出产品时，风险并未完全转移，不确认收入的实现，已发出的产品仍属于企业的存货，应根据发出产品的实际成本，借记"发出商品"账户，贷记"库存商品"账户。企业**应在合同规定的收款日期，确认收入的实现**，并根据规定收取的价款，借记"银行存款"、"应收账款"等账户，贷记"主营业务收入"、"应交税金——应交增值税"等账户；同时按收款比例计算结转成本，借记"主营业务成本"账户，贷记"发出商品"账户。

　　【例3】B 公司为一般纳税人，采用分期收款方式销售产品 40 件，总价款 300 万元，总增值税 39 万元，产品总成本 210 万元，款项分 3 次等额收取。根据以上资料，B 公司账务处理如下：

　　1）发出商品时

　　　借：发出商品　　　　　　　　　　2 100 000
　　　　　贷：库存商品　　　　　　　　　　　　　　　　2 100 000

2）按合同规定的收款日期每次收取货款时
　　借：银行存款　　　　　　　　　　　　1 130 000
　　　　贷：主营业务收入　　　　　　　　　　　　　1 000 000
　　　　　　应交税费——应交增值税（销项税额）　　 130 000
　　借：主营业务成本　　　　　　　　　　 700 000
　　　　贷：发出商品　　　　　　　　　　　　　　　　 700 000

需要注意的是：预收货款销售已在前面的章节中有所论述，为避免重复，本章不再举例；委托代销、售后回购、售后租回、房地产销售等特殊销售业务的核算较为复杂，有待以后继续学习，本章不举例。

第二节　费　用

一、费用的概念

"费用"有狭义和广义之分。

1. 狭义费用

狭义费用是指企业在销售商品、提供劳务等日常活动中所发生的，会导致所有者权益减少的，与向所有者分配利润无关的经济利益的总流出。主要包括营业成本（主营业务成本和其他业务成本）、营业税金及附加、期间费用（销售费用、管理费用、财务费用）等。

2. 广义费用

广义费用除涵盖狭义费用外，还包括在生产活动中所形成的生产费用（生产成本和制造费用）及在日常经营活动以外形成的损失（营业外支出、所得税费用等）。

我国会计要素中的费用指的是狭义费用，也是本章所讨论的内容。

二、费用的特点

狭义费用具有两个基本特点：
① 费用的发生最终会导致企业经济资源的减少。
② 费用最终会减少企业的所有者权益。

三、费用的核算

需要注意的是：本节只介绍营业税金及附加和期间费用的核算，营业成本的核算见收入一节的核算例题。

1. 账户设置

（1）税金及附加

该账户用来核算企业经营活动发生的消费税、资源税、城市维护建设税和教育费附加等相关税费。借方登记企业应负担的税金及附加；贷方登记期末转入"本年利润"账户的数额；期末本账户余额转入"本年利润"账户后，本账户应无余额。

(2) 销售费用

该账户用来核算企业销售商品过程中发生的各种费用，如：销售机构人员的工资及福利费、销售中运输费用、装卸费、包装费、保险费、展览费、广告费等。该账户借方登记当期营业费用的增加数；贷方登记期末转入"本年利润"的数额；期末本账户余额转入"本年利润"账户后，本账户应无余额。

(3) 管理费用

该账户用来核算企业为组织和管理生产经营活动所发生的管理费用，如：企业董事会和行政管理部门发生的公司经费（行政管理人员的工资及福利费、办公费、差旅费、低值易耗品摊销等）、房产税、印花税、土地使用税、车船使用费、无形资产摊销、职工教育经费、矿产资源补偿费、研究与开发费用、咨询费、诉讼费、劳动保险费等。该账户借方登记当期管理费用的增加数；贷方登记期末转入"本年利润"的数额；期末本账户余额转入"本年利润"账户后，本账户应无余额。

(4) 财务费用

该账户用来核算企业为筹集生产经营所需资金等而发生的费用，如：利息支出、利息收入、汇兑损益、筹资手续费等（为购建固定资产的专门借款所发生的应资本化的利息费用不在该账户内核算）。该账户的借方登记当期财务费用的增加数；贷方登记期末转入"本年利润"的数额；期末本账户余额转入"本年利润"账户后，本账户应无余额。

2. 税金及附加的核算

【例1】甲公司3月上交增值税6 000元，该企业本月城市维护建设税计提率7%，教育费附加计提率3%，会计分录如下：

借：税金及附加　　　　　　　　　　　　　　600
　　　贷：应交税费——应交教育费附加　　　　　　　　180
　　　　　　　　——应交城市维护建设税　　　　　　　420

提示：本月应交城市维护建设税 = 6 000 × 7% = 420（元）；
　　　　本月应交教育费附加 = 6 000 × 3% = 180（元）。

3. 期间费用的核算

(1) 销售费用的核算

企业应根据实际发生的销售费用，借记"销售费用"账户，贷记有关账户。

【例2】甲公司4月6日以银行存款支付广告费60 000元。甲公司账务处理如下：

借：销售费用　　　　　　　　　　　　　　60 000
　　　贷：银行存款　　　　　　　　　　　　　　　　60 000

(2) 管理费用的核算

企业发生管理费用时，应借记"管理费用"账户，贷记有关账户。

【例3】甲公司6月30日计提管理部门用固定资产折旧费3 000元；进行无形资产摊销，摊销金额2 000元；管理部门人员报销差旅费2 000元，以现金支付。甲公司账务处理如下：

1) 计提管理部门使用的固定资产折旧时

借：管理费用　　　　　　　　　　　　　　3 000

　　　　贷：累计折旧　　　　　　　　　　　　　　　　　　　3 000
　2）进行无形资产摊销时
　　　　借：管理费用　　　　　　　　2 000
　　　　　贷：累计摊销　　　　　　　　　　　　　　　　　　　2 000
　3）管理部门人员报销差旅费时
　　　　借：管理费用　　　　　　　　2 000
　　　　　贷：库存现金　　　　　　　　　　　　　　　　　　　2 000

（3）财务费用的核算

企业发生财务费用时，应借记"财务费用"账户，贷记有关账户。企业取得的利息收入，其数额与利息支出相比一般较小，因而不会单列账户进行核算，应抵减利息支出，借记"银行存款"等账户，贷记"财务费用"账户。

【例4】甲公司3月30日以银行存款支付短期借款利息3 500元，其中已计提利息2 200元；收到银行存款利息1 000元。甲公司账务处理如下：

　1）支付短期借款利息时
　　　　借：财务费用　　　　　　　　1 300
　　　　　应付利息　　　　　　　　　2 200
　　　　　贷：银行存款　　　　　　　　　　　　　　　　　　　3 500
　2）收到银行存款利息时
　　　　借：银行存款　　　　　　　　1 000
　　　　　贷：财务费用　　　　　　　　　　　　　　　　　　　1 000

第三节　利　　润

一、利润的含义

利润是企业在一定会计期间的经营成果，有营业利润、利润总额（即税前利润）、净利润（即税后利润）等指标。利润是指广义收入与广义费用相抵后的差额，正数为利润，负数则为亏损。

二、利润的构成

营业利润 = 营业收入 - 营业成本 - 税金及附加 - 期间费用 - 研发费用
　　　　- 信用减值损失 - 资产减值损失 ± 公允价值变动损益 ± 投资收益 ±
　　　　资产处置收益(损失) + 其他收益 ± 净敞口套期收益(损失)
期间费用 = 销售费用 + 管理费用 + 财务费用
利润总额 = 营业利润 + 营业外收入 - 营业外支出
净利润 = 利润总额 - 所得税费用

三、营业外收支的核算

营业外收支包括营业外收入、营业外支出两个部分。

1. 营业外收入

（1）营业外收入的含义

营业外收入是企业在日常活动以外的活动所形成的与企业生产经营活动无直接关系的各项利得，主要包括盘盈利得、非流动资产毁损报废收益、政府补助、捐赠利得、罚款净收入及确定无法支付而转入的应付账款等。

（2）账户设置

企业应设置"营业外收入"账户来核算当期发生的营业外收入，该账户贷方登记企业当期发生的营业外收入；借方登记期末转入"本年利润"账户的数额；期末本账户余额转入"本年利润"账户后，本账户应无余额。

（3）营业外收入的核算

企业发生营业外收入时，借记相关账户，贷记"营业外收入"账户。

【例1】A公司2月10日因客户甲公司违约取得罚款收入10 000元，存入银行。A公司账务处理如下：

借：银行存款　　　　　　　　　　　　　　　　10 000
　　贷：营业外收入　　　　　　　　　　　　　　　　10 000

2. 营业外支出

（1）营业外支出的含义

营业外支出是企业在日常活动以外的活动所产生的与企业生产经营无直接关系的各项损失，主要包括固定资产盘亏，处置固定资产的净损失，出售无形资产的净损失，罚款支出，捐赠支出，非常损失等。

（2）账户设置

企业应设置"营业外支出"账户来核算当期发生的营业外支出，该账户借方登记当期发生的营业外支出的数额；贷方登记期末转入"本年利润"账户的数额；期末本账户余额转入"本年利润"账户后，本账户应无余额。

（3）营业外支出的核算

企业发生营业外支出时，借记"营业外支出"账户，贷记相关账户。

【例2】A公司4月12日以支票支付环保排污罚款20 000元。A公司账务处理如下：

借：营业外支出　　　　　　　　　　　　　　　　20 000
　　贷：银行存款　　　　　　　　　　　　　　　　　20 000

四、所得税费用的核算

1. 所得税的含义与计算

（1）所得税的含义

所得税是指企业取得利润后应计入当期损益的所得税费用。

企业所得税费用包括当期所得税和递延所得税两个部分。本书仅介绍当期所得税的核算。

(2) 所得税的计算

● 应纳税所得额的计算

长期以来，我国实行财务会计与纳税会计合一。纳税时，在财务会计提供数据的基础上，根据税法的规定进行相应调整，确定纳税所得额，再计算应纳所得税额。

由于对某些收支的处理，会计制度规定的口径、确认时间与税法不一致，这就产生了需要根据税法规定将会计核算的利润总额调整为应纳税所得额的问题。计算公式如下：

应纳税所得额 ＝ 利润总额 ＋ 纳税调整增加额 － 纳税调整减少额

上式中，按税法规定调整的金额，即会计利润与纳税所得额的差异。该差异按其产生的原因可以分为永久性差异和暂时性差异两类。

◆ **永久性差异：**

永久性差异是指由于会计税前利润与应纳税所得额之间的计算口径不一致而产生的差异。这种差异的特征是只在当期发生，但以后各期不再转回。永久性差异的内容主要包括：

① 企业购买国库券的利息收入。

② 企业进行股权投资、从被投资企业分得的股利，但投资方的所得税税率如果高于被投资企业时，应补交税率差的部分。

③ 企业以前年度发生亏损，在规定的弥补期内（连续 5 年内）用本期的税前利润补亏。

④ 企业因违反法律、行政法规而交付的罚款、罚金、滞纳金。

⑤ 非广告性质的赞助支出。

⑥ 企业从非金融机构借款超出同期贷款利率的利息费用。

⑦ 企业超支的工资。

⑧ 企业超支的业务招待费。

⑨ 企业超支的公益、救济性捐款等。

以上①至③属于调整减少项，④至⑨属于调整增加项。

【例3】假定甲公司 12 月利润总额为 40 万元，其中投资收益 50 000 元是国债利息收入，营业外支出中有非公益性捐赠支出 4 000 元，超支的工资 3 500 元。则甲公司 12 月份应纳税所得额是多少？

解答：

应纳税所得额 = 400 000 － 50 000 ＋ 4 000 ＋ 3 500 = 357 500（元）

◆ **暂时性差异：**

暂时性差异是指由于会计税前利润与纳税所得额之间的计算时间不一致而产生的差异。这种差异的特征是在当期发生，可在以后若干期内转回，从较长时期来看，会计税前利润与纳税所得额是一致的。暂时性差异的主要内容有：固定资产折旧、各项减值准备等。暂时性差异分为应纳税暂时性差异和可抵减暂时性差异两种。

说明： 本教材不介绍暂时性差异的核算。

● 应交所得税的计算

应交所得税的计算公式如下：

应交所得税 ＝ 应纳税所得额 × 适用的所得税税率

2. 所得税费用的核算

假设不存在暂时性差异，在计提所得税费用时，账务处理为借记"所得税费用"，贷记"应交税费——应交所得税"。

说明：所得税费用的核算较为复杂，有待后续课程中学习。

【例4】甲公司全年利润总额为 100 万元，其中包括本年收到的国库券利息收入 10 万元，所得税税率为 25％，无其他纳税调整事项。甲公司账务处理如下：

1) 计提所得税时

  借：所得税费用   225 000
    贷：应交税费——应交所得税   225 000

2) 以银行存款交纳所得税时

  借：应交税费——应交所得税   225 000
    贷：银行存款   225 000

提示：应纳税所得额 = 1 000 000 − 100 000 = 900 000（元）；
    应交所得税 = 900 000 × 25％ = 225 000（元）。

五、利润的核算

1. 结转利润的核算

企业应于期末将所有损益类账户的余额转入"本年利润"账户，通过"本年利润"账户结出本期利润和本年累计利润。

具体做法是：借记所有表示收入的损益类账户，贷记"本年利润"账户；借记"本年利润"账户，贷记所有表示费用的损益类账户。经过上述结转后，损益类账户月末均没有余额，"本年利润"账户的贷方余额表示年度内累计实现的税后利润总额，借方余额表示年度内累计发生的亏损总额。

【例5】甲公司某年 12 月 31 日各损益类账户的余额如下：

账户名称	贷方余额（元）
主营业务收入	16 000 000
其他业务收入	900 000
投资收益	50 000
营业外收入	200 000

账户名称	借方余额（元）
主营业务成本	10 000 000
税金及附加	100 000
其他业务成本	600 000
销售费用	520 000
管理费用	600 000
财务费用	30 000
营业外支出	300 000
所得税费用	1 640 100

甲公司结转利润的账务处理如下：
1）结转本年收入时

  借：主营业务收入   16 000 000
    其他业务收入   900 000
    投资收益   50 000
    营业外收入   200 000
    贷：本年利润   17 150 000

2）结转本年费用时

  借：本年利润   13 790 100
    贷：主营业务成本   10 000 000
      税金及附加   100 000
      其他业务成本   600 000
      销售费用   520 000
      管理费用   600 000
      财务费用   30 000
      营业外支出   300 000
      所得税费用   1 640 100

提示：结转本年利润以后，"本年利润"账户贷方发生额为 17 150 000 元，借方发生额均为 13 790 100 元，贷方余额为 3 359 900 元（17 150 000 − 13 790 100 = 3 359 900），即甲公司本年净利润为 3 359 900 元。

2. 结转利润分配的核算

【例6】甲公司将本年净利润 3 359 900 元进行结转，账务处理如下：

  借：本年利润   3 359 900
    贷：利润分配——未分配利润   3 359 900

需要注意的是：如果发生亏损，则作相反的会计分录，即借记"利润分配——未分配利润"，贷记"本年利润"。

"本年利润"账户只是一个过渡性质的账户，承担合成企业净损益的任务。年终结算时，将企业全年的净损益自该账户转入利润分配账户。

3. 利润分配的核算

（1）利润分配的含义

利润分配指企业将实现的净利润（包括本年的净利润和以前年度积累的未分配利润）按国家有关规定和企业投资人的决议，对各方利益人进行分配的过程。

（2）利润分配的顺序

企业当年实现的净利润加上以前年度积累的未分配利润（或减去以前年度发生的、尚未弥补的亏损），即为可供分配利润。可供分配利润应按下列顺序分配：第一，提取法定盈余公积；第二，提取法定公益金。

可供分配利润减去提取的法定盈余公积、公益金后，为可供投资者分配的利润。可供投资者分配的利润，按下面顺序分配：第一，应付优先股股利；第二，提取任意盈余公积；第三，应付普通股股利；第四，转作资本的普通股股利。

(3) 利润分配的核算

● 弥补以前年度亏损

不用单独编制会计分录。

● 提取盈余公积

企业税后利润在弥补以前年度亏损以后，如有剩余，应按规定计提盈余公积，借记"利润分配——提取盈余公积"账户，贷记"盈余公积"账户。

【例7】甲公司当年的净利润为 3 359 900 元，假定以前年度未发生亏损，分别按当年净利润的 10% 提取法定盈余公积和任意盈余公积各 335 990 元。甲公司账务处理如下：

借：利润分配——提取法定盈余公积　　　　　335 990
　　　　　　　——提取任意盈余公积　　　　　335 990
　　贷：盈余公积——法定盈余公积　　　　　　　　　　335 990
　　　　　　　　——任意盈余公积　　　　　　　　　　335 990

● 向投资者分配利润

企业向投资者分配利润的账务处理，应以董事会提出的利润分配方案为依据。从决定分配到实际向投资者支付利润，需要有一个过程，会计上应作为"应付股利"处理。

【例8】假定甲公司年初未分配利润为 500 000 元，本年税后利润中可以向投资者分配的利润为 2 687 920 元（3 359 900 − 335 990 − 335 990 = 2 687 920），可以向投资者分配利润的限额为 3 187 920 元（2 687 920 + 500 000 = 3 187 920）。该公司现决定向投资者分配利润 300 000 元，账务处理如下：

借：利润分配——应付股利　　　　　　　　　300 000
　　贷：应付股利　　　　　　　　　　　　　　　　　　300 000

● 年终未分配利润的结转

年终，企业应将"利润分配"各明细账户（"未分配利润"除外）的余额全部结转至"未分配利润"明细账户。结转后，"利润分配"各明细账户（除"未分配利润"外）均无余额。

【例9】甲公司利润分配后，利润分配各明细账余额如下：

利润分配明细账名称	贷方余额（元）
提取法定盈余公积	335 990
提取任意盈余公积	335 990
应付股利	3 000 000

甲公司账务处理如下：

借：利润分配——未分配利润　　　　　　　3 671 980
　　贷：利润分配——提取法定盈余公积　　　　　　　335 990
　　　　　　　　——提取任意盈余公积　　　　　　　335 990
　　　　　　　　——应付股利　　　　　　　　　　3 000 000

本章小结

◆ 收入是指企业在日常活动中形成的、会导致所有者权益增加的、与所有者投入资本无关的经济利益的总流入，它不包括为第三方或客户代收的款项。按企业经营业务的主次分为主营业务收入和其他业务收入，分别设置"主营业务收入"和"其他业务收入"进行核算。

◆ 带有现金折扣的商品销售，发生的现金折扣，作为"财务费用"入账。

◆ 销售折让是企业因售出商品的质量不合格等原因而在售价上给予客户的减让，发生销售折让，作冲减销售收入（即借记"主营业务收入"）处理。

◆ 分期收款销售商品，商品发出时不确认收入，按合同约定的收款日期分期确认收入，并结转成本。发出商品时，借记"发出商品"，贷记"库存商品"；分期确认收入时，对于一般纳税人借记"银行存款"等，贷记"主营业务收入"、"应交税费——应交增值税（销项税额）"；分期结转成本时，借记"主营业务成本"，贷记"发出商品"。

◆ 对于销售退回（除资产负债表日后调整事项的销售退回外），在收入未确认前退回的，借记"库存商品"，贷记"发出商品"；在收入及成本确认后退回的，借记"主营业务收入"、"应交税费——应交增值税（销项税额）"，贷记"银行存款"等，同时借记"库存商品"，贷记"主营业务成本"。

◆ 费用是指企业日常活动中所发生的会导致所有者权益减少的，与利润分配无关的经济利益的总流出。费用包括管理费用、销售费用和财务费用等。

◆ 管理费用是行政管理部门组织生产经营活动发生的费用。销售费用是企业销售过程中发生的费用，财务费用是企业为筹集资金而发生的费用。

◆ 营业外收入是指与企业生产无直接关系的纯收入，主要包括罚款收入、固定资产盘盈、出售固定资产净收益、出售无形资产净收益等。

◆ 营业外支出是指与生产经营无直接关系的支出，主要包括罚款支出、固定资产盘亏、出售固定资产净损失、出售无形资产净损失、非常损失等。

◆ 应纳税所得额与会计利润总额之间的差异有永久性差异和暂时性差异两种。

应纳税所得额＝利润总额±纳税调整项

应交所得税＝应纳税所得额×所得税税率

◆ 计提所得税时，借记"所得税费用"，贷记"应交税费——应交所得税"；结转所得税时，借记"本年利润"，贷记"所得税费用"。

第十二章　财务会计报告

【学习目标】

通过本章学习,熟悉财务会计报告的含义及分类;熟悉会计报表的含义及分类;了解财务会计报告的编制基础;熟悉资产负债表的含义及结构,掌握资产负债表相关项目的填列;熟悉利润表的含义及结构,掌握利润表的编制;了解会计报表附注的作用和内容。

第一节　财务会计报告概述

一、财务会计报告

1. 财务会计报告的含义

财务会计报告是企业对外提供的反映企业某一特定日期财务状况和某一会计期间经营成果和现金流量的文件。企业的财务会计报告包括资产负债表、利润表、现金流量表、所有者权益变动表、会计报表附注和其他应当披露的信息资料。

需要注意的是： 小企业只需编制资产负债表和利润表。

本书仅重点介绍资产负债表和利润表。

2. 财务会计报告的分类

按编制时间分，财务会计报告分为月度财务会计报告、季度财务会计报告、半年度财务会计报告和年度财务会计报告。月度、季度财务会计报告通常仅指会计报表（至少包括资产负债表和利润表）。半年度、年度财务会计报告应同时包括会计报表、会计报表附注和其他应当披露的信息资料三部分。月度、季度、半年度称会计中期。

二、会计报表

1. 会计报表的含义

会计报表是企业在会计期末以日常会计核算资料为依据编制的系统反映本企业财务状况、经营成果及现金流量情况的表格式报告。**会计报表是财务会计报告的核心。**

会计报表的使用者无法直接运用分散在账簿中的会计资料来分析评价企业的财务状况和经营成果。因此，企业必须定期地将日常会计核算资料加以分类、调整、汇总，编制会计报表，从而总括、综合地反映企业的经济活动过程和结果，为出资者、债权人、企业管理当局、政府有关部门及其他与企业有利害关系的单位和个人提供他们所需的会计信息。

2. 会计报表的分类

表 12-1

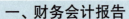

会计报表分类

分类依据	具体内容	
按报送对象分	内部报表	资金预算表
		制造费用分配表
		产品成本明细表等
	外部报表	资产负债表
		利润表
		现金流量表
		所有者权益变动表

(续表)

分类依据	具体内容
按编制时间分	月度报表
	季度报表
	年度报表
按编制主体分	个别会计报表
	合并会计报表

> **知识窗 12-1**
>
> 会计报表附表是对企业的某类业务或主表中的有关项目进行详细说明的报表，其目的是提供具体的指标。会计报表附表通常包括：利润分配表、资产减值明细表、所有者权益（或股东权益）变动表、分部报表等。

说明：现金流量表较为复杂，有待后续课程中学习，本章不做论述。

三、财务会计报告的编制基础

1. 真实的交易和事项

财务会计报告所提供的资料及数据必须以企业实际发生的经济业务为基础，不得弄虚作假。真实性既是会计工作的基本要求，也是法律赋予会计工作的强制要求。

2. 完整的记录

隐瞒交易和事项也是违法行为。会计信息的完整性同样是法律赋予会计工作的强制性要求。它能够保证财务会计报告提供信息使用者决策所需的全部会计信息。

3. 规定的方法

企业必须按会计准则、会计制度的规定计算报表中的每一项指标，各期报表数字所采用的计算方法和口径应该一致（如：存货计价方法、固定资产折旧方法等），不得任意更改。

第二节　资产负债表

一、资产负债表的含义

资产负债表是反映企业某一特定日期（月末、季末、年末）财务状况的报表。

二、资产负债表的作用

资产负债表的主要作用体现在以下几个方面：

① 从整体上反映企业的资产总额，以及这些资产的来源。

② 揭示企业资产构成和负债构成，通过资产和负债的对比分析，反映企业的偿债能力。

③ 反映所有者在企业中持有的权益，以及权益的构成情况。

④ 通过对前后连续的各期资产负债表进行比较分析，可以反映企业财务状况的变化趋势。

三、资产负债表的结构

1. 资产负债表的总体结构

我国企业的资产负债表通常采用**账户式结构**（表 12-2）。为便于报表项目期初数与期末数的比较和编制现金流量表，资产负债表采用前后两期对比的方式（即比较资产负债表）列示。

表 12-2

资产负债表

编制单位：甲公司　　　　　　　　2017 年 12 月 31 日　　　　　　　　单位：元

资　产	年初数	年末数	负债和所有者权益	年初数	年末数
流动资产：			流动负债：		
货币资金		2 141 205	短期借款		50 000
交易性金融资产			交易性金融负债		
应收票据		20 000	应付票据		224 820
应收账款		86 040	应付账款		1 313 800
预付款项		23 000	预收款项		173 000
应收利息		10 000	应付职工薪酬		189 860
应收股利		95 000	应交税费		128 800
其他应收款		41 027	其他应付款		413 000
存货		1 563 165	一年内到期的非流动负债		120 000
一年内到期的非流动资产		50 200	其他流动负债		
其他流动资产			流动负债合计		2 613 280
流动资产合计		4 029 637	非流动负债：		
非流动资产：			长期借款		530 000
债权投资			应付债券		
其他债权投资			长期应付款		537 000
长期应收款			预计负债		
长期股权投资		610 000	递延收益		
投资性房地产			递延所得税负债		17 777
固定资产		5 390 099	其他非流动负债		

(续表)

资　产	年初数	年末数	负债和所有者权益	年初数	年末数
在建工程		876 000	非流动负债合计		1 084 777
生产性生物资产			负债合计		3 698 057
油气资产			所有者权益（或股东权益）：		
无形资产		49 000	实收资本（或股本）		3 600 000
开发支出			资本公积		1 530 000
商誉			减库存股		
长期待摊费用		120 000	盈余公积		1 762 435
递延所得税费用			未分配利润		484 244
其他非流动资产			其他综合收益		
非流动资产合计		7 045 099	所有者权益（或股东权益）合计		7 376 679
资产总计		11 074 736	负债和所有者权益（或股东权益）合计		11 074 736

2. 资产负债表的项目

资产负债表左边是资产类项目。资产项目按流动性大小分为流动资产、非流动资产等两大项，每一大项中又按其内容或流动性大小分为若干具体项目。例如，流动资产大项内依据流动性（即资产变现能力的大小）将具体项目按货币资金、交易性金融资产、应收票据、应收账款等顺序排列；非流动资产大项内分为可供出售金融资产、持有至到期投资、长期应收款、长期股权投资、投资性房地产、固定资产等项目。

资产负债表右边是负债、所有者权益两类项目。负债项目按其偿还紧迫性的大小分为流动负债和非流动负债两大项列示，每一大项中又分为若干具体项目。

所有者权益项目按其稳定性的大小分实收资本（股本）、资本公积、盈余公积、未分配利润四项排列。

四、资产负债表的编制

1. 资产负债表的编制依据

$$资产 = 负债 + 所有者权益$$

2. 资产负债表的金额栏

资产负债表中金额包括"年初数"和"期末数"两栏。"年初数"栏中各项目根据上年末资产负债表"期末数"栏中相应项目的数字填列。如果本年度资产负债表中的项目设计与上年不一致，应对上年末资产负债表中有关项目及数字按本年度口径进行调整后填入本表的"年初数"栏。

3. 资产负债表的编制方法

资产负债表"期末数"栏各项目按资产、负债及所有者权益各类账户的期末余额分析计算填列。总体方法有：

（1）直接填列

直接填列是指将总分类账或明细分类账的期末余额直接填入报表中的相应项目。资产负债表的相当部分项目都是采用这种方法填列的。例如，表中的"应收票据"、"应收利息"、"短期借款"、"应付票据"、"资本公积"等项目都是直接根据相应账户的期末余额填列的。

（2）分析计算填列

分析计算填列是指对有关账户记录经分析、调整和重新计算后填入表中有关项目。例如，表中"货币资金"、"存货"、"一年内到期流动资产"、"长期借款"、"一年内到期的非流动负债"等项目均需对有关账簿记录进行分析、调整和重新计算后填列。

4. 资产负债表主要项目的填列方法

（1）货币资金

本项目根据"库存现金"、"银行存款"、"其他货币资金"账户期末余额的合计数填列。

（2）应收账款

本项目应根据"应收账款"账户所属各明细科目的期末借方余额合计，加上"预收账款"账户所属各明细科目的期末借方余额合计，减去"坏账准备"账户中有关应收账款计提的坏账准备期末余额后的金额填列。

如"应收账款"账户所属明细账户有期末贷方余额，应在本表"预收账款"项目内填列。

（3）预付款项

本项目根据"预付账款"账户期末借方余额合计，加上"应付账款"账户所属各明细科目的期末借方余额合计所得的金额填列。

如"预付账款"账户所属明细账户有贷方余额，应在本表"应付账款"项目内填列。

（4）存货

本项目根据"在途物资或材料采购"、"原材料"、"周转材料"、"库存商品"、"委托加工物资"、"生产成本"等账户期末余额之和减去"存货跌价准备"账户期末余额后的金额填列。材料采用计划成本核算，以及库存商品采用计划成本或售价核算的企业，还应按加或减"材料成本差异"、"商品进销差价"后的数额填列。

（5）无形资产

本项目根据"无形资产"账户的期末余额减去"累计摊销"账户余额和"无形资产减值准备"账户余额后的金额填列。

（6）应付账款

本项目应根据"应付账款"账户所属明细账期末贷方余额合计，加上"预付账款"账户所属明细账期末贷方余额合计所得的金额填列。

（7）预收款项

本项目应根据"预收账款"账户期末所属明细账贷方余额合计，加上"应收账款"账户所属明细账期末贷方余额合计所得的金额填列。

（8）长期借款

本项目应根据"长期借款"账户期末余额减去一年内需归还的那部分借款额后的差额填列。

【例】假设江陵公司2017年12月31日结账后有关账户余额及相关资料如表12-3所示：

表 12-3

账户	借方金额	贷方金额	备注
库存现金	180		
银行存款	2 141 025		
应收账款			"应收账款"账户同时核算应收账款和预收账款。只有应收账款计提了坏账准备
——A公司	20 000		
——B公司	15 000		
——C公司		5 000	
坏账准备		1 060	
其他应收款	110 425		
在途物资	5 840		
原材料	458 350		
周转材料	6 800		
库存商品	255 000		
存货跌价准备		200	
生产成本	620 000		
无形资产	53 000		
无形资产减值准备		23 000	
短期借款		10 000	
应付账款			"应付账款"账户同时核算应付账款和预付账款
——甲公司	50 000		
——乙公司		982 901	
长期借款		50 000	一年内到期的长期借款为 12 000 元
长期应付款		225 000	

要求：根据以上资料计算资产负债表中以下项目的填列金额。

1）货币资金

2）应收账款

3）预付款项

4）存货

5）无形资产

6）应付账款

7）预收款项

8）长期借款

解答：

1）货币资金 = 180 + 2 141 025 = 2 141 205（元）

2）应收账款 = 20 000 + 15 000 − 1 060 = 33 940（元）

3）预付款项 = 50 000（元）（提示：50 000 元是"应付账款——甲公司"的金额）

4）存货 = 5 840 + 458 350 + 6 800 + 255 000 - 200 + 620 000 = 1 345 790（元）

5）无形资产 = 53 000 - 23 000 = 30 000（元）

6）应付账款 = 982 901（元）

7）预收款项 = 5 000（元）（提示：5 000 元是"应收账款——C 公司"的金额）

8）长期借款 = 50 000 - 12 000 = 38 000（元）

第三节 利润表

一、利润表的含义

利润表是反映企业一定时期经营成果的报表。该表是按照各项收入、费用及构成利润的各个项目分类分项编制而成的，通过阅读利润表，报表使用者能够全面了解企业收入的取得、费用的开支情况及利润的构成情况。

二、利润表的结构

我国现行的利润表由表头、正表和补充资料三项构成（具体如表 12-4 所示）。

其中，表头由表名、编制日期、编制单位、编制金额等构成。

正表列示格式采用多步式结构，即通过以下四个步骤计算本期净利润：

① 从营业收入出发，减去营业成本、营业税金及附加、销售费用、管理费用、财务费用、资产减值损失，加上公允价值变动损益、投资收益，得出营业利润。

② 从营业利润出发，加上营业外收入，减去营业外支出，得出利润总额。

③ 从利润总额出发，减去所得税费用，得出本期净利润。

④ 对于股份制企业还要计算基本每股收益和稀释每股收益两个指标。

表 12-4

利润表

编制单位：××公司　　　　　　　　　　　×年×月　　　　　　　　　　　　单位：万元

项　　目	本期金额	上期金额
一、营业收入		
减：营业成本		
税金及附加		
销售费用		
管理费用		
研发费用		
财务费用		
加：其他收益		

(续表)

项　　目	本期金额	上期金额
投资收益（损失以"－"号填列）		
净敞口套期收益（损失以"－"号填列）		
公允价值变动收益（损失以"－"号填列）		
信用减值损失（损失以"－"号填列）		
资产减值损失（损失以"－"号填列）		
资产处置收益（损失以"－"号填列）		
二、营业利润（亏损以"－"号填列）		
加：营业外收入		
减：营业外支出		
三、利润总额（亏损总额以"－"号填列）		
减：所得税费用		
四、净利润（净亏损以"－"号填列）		
五、其他综合收益的税后净额		
六、综合收益总额		
七、每股收益		
（一）基本每股收益		
（二）稀释每股收益		

三、利润表的编制方法

1. 利润表的金额栏

利润表金额栏分"本期金额"和"上期金额"两栏。"本期金额"栏反映各项目本期实际发生额，在编制月度报表时应按有关损益类账户的本月发生额分析填列。在编制年度报表时，"上期金额"栏填列上年的累计实际发生数。如果上年度利润表项目名称及内容与本年度不一致，应对上年度利润表项目的名称和数字按本年利润表的规定进行调整，填入利润表的"上期金额"栏。

2. 利润表主要项目的填列方法

（1）营业收入

该项目反映企业主营业务和其他业务取得的收入总额，根据本期"主营业务收入"和"其他业务收入"两个账户的发生额分析填列。

（2）营业成本

该项目反映企业主营业务和其他业务发生的实际成本，根据本期"主营业务成本"和"其他业务成本"两个账户的发生额分析填列。

（3）税金及附加

该项目反映企业经营活动应负担的消费税、城市维护建设税、资源税、教育费附加等，根据"税金及附加"账户的发生额分析填列。

(4) 销售费用

该项目反映企业在销售商品和商业性企业在购入商品等过程中发生的费用,根据"销售费用"账户发生额分析填列。

(5) 管理费用

该项目反映企业发生的管理费用,根据"管理费用"账户发生额分析填列。

(6) 财务费用

该项目反映企业发生的财务费用,根据"财务费用"账户发生额分析填列。

(7) 资产减值损失

该项目根据"资产减值损失"账户的余额填列。

(8) 公允价值变动损益

该项目反映企业交易性金融资产公允价值变动损益,根据"公允价值变动损益"账户发生额分析填列,若为损失,应在本项目金额前加"-"号。

(9) 投资收益

该项目反映企业以各种方式对外投资所取得的收益,根据"投资收益"账户发生额分析填列,若为投资损失,应在本项目金额前加"-"号。

(10) 营业外收入

该项目反映企业经营业务以外的收入,根据"营业外收入"账户的发生额分析填列。

(11) 营业外支出

该项目反映企业经营业务以外的支出,根据"营业外支出"账户的发生额分析填列。

(12) 利润总额

该项目反映企业实现的利润总额,根据营业利润加营业外收入减营业外支出后的差额填列。如为亏损总额,以"-"号填列。

(13) 所得税费用

该项目反映本期的所得税费用,根据"所得税费用"账户发生额分析填列。

(14) 净利润

该项目反映企业实现的净利润,根据利润总额减去所得税费用后的差额填列。如为亏损用"-"号填列。

(15) 基本每股收益

该项目按企业当期实现的净利润除以发行在外普通股的加权平均数计算而得。

(16) 稀释每股收益

该项目在基本每股收益的基础上考虑了稀释性普通股后,经调整计算而得。

【例】甲公司20××年12月31日有关资料如下:

账户名称	借方发生额	贷方发生额
主营业务收入		3 000 000
主营业务成本	2 240 000	
税金及附加	5 780	
销售费用	20 000	
管理费用	300 160	
财务费用	43 000	

投资收益		98 200
营业外收入		100 000
营业外支出	43 400	

假设甲企业本年度无纳税调整事项,所得税税率为25%。

要求：计算营业利润、利润总额额和净利润等利润指标,并填制利润表。

解答：

1) 营业利润 = 3 000 000 − 2 240 000 − 5 780 − 20 000 − 300 160 − 43 000 + 98 200 = 489 260（元）

2) 利润总额 = 489 260 + 100 000 − 43 400 = 545 860（元）

3) 净利润 = 545 860 − 545 860 × 25% = 545 860 − 136 465 = 409 395（元）

利润表填制如表 12-5 所示。

表 12-5

利润表

编制单位：甲公司　　　　　　　　　20××年度　　　　　　　　　单位：元

项　　目	本期金额	上期金额（略）
一、营业收入	3 000 000	
减：营业成本	2 240 000	
税金及附加	5 780	
销售费用	20 000	
管理费用	300 160	
财务费用	43 000	
加：公允价值变动损益（损失以"−"号填列）	0	
投资收益（损失以"−"号填列）	98 200	
二、营业利润	489 260	
加：营业外收入	100 000	
减：营业外支出	43 400	
三、利润总额（亏损以"−"号填列）	545 860	
减：所得税费用	136 465	
四、净利润（亏损以"−"号填列）	409 395	
五、其他综合收益的税后净额	0	
六、综合收益总额	0	
七、每股收益		
（一）基本每股收益	0	
（二）稀释每股收益	0	

第四节　会计报表附注

一、会计报表附注的含义

会计报表附注是为便于会计报表使用者理解会计报表内容，而对会计报表编制基础、编制依据、编制原则和方法，以及主要项目等所作的解释。它是对会计报表的补充说明，是财务会计报告的重要组成部分。

二、会计报表附注的基本作用

1. 解释会计报表的编制基础、编制依据、编制原则和方法

会计报表中的数字受报表编制基础、编制依据、编制原则和方法的影响。例如，建立在持续经营假设基础之上报表与建立在清算基础上报表必然采用不同计价基础。再如，对于一种经济业务（如：固定资产折旧、发出存货的计价、借款费用的处理等），可能存在不同的会计原则和会计处理方法，也就是说有不同的会计政策可供选择。

2. 对表内的有关项目做细致的解释

每一报表项目提供某一方面指标，具有综合性。为了使报表使用者了解某一指标的具体情况，企业必须通过附注的方式对其进行深入的说明。如：资产负债表中的应收账款只是一个年末余额，至于各项应收账款的账龄、债务人信用情况就无从得知。

三、会计报表附注的内容

会计报表附注的编制尽管不是千篇一律的，但至少应当包括下列内容：
① 企业的基本情况。
② 财务报表的编制基础。
③ 遵循企业会计准则的说明。
④ 重要会计政策和会计估计。
⑤ 会计政策和会计估计变更以及差错更正的说明。
⑥ 报表重要项目的说明。
⑦ 或有和承诺事项、资产负债表日后事项、关联方关系及其交易的说明。
⑧ 有助于理解和分析会计报表需要说明的其他事项。

本章小结

◆ 财务会计报告包括会计报表、会计报表附注和其他需要披露的信息资料三个部分，其中会计报表是财务会计报告的重点。会计报表的主表有资产负债表、利润表和现金流量表。

◆ 资产负债表是反映企业在某一特定日期财务状况的报表。在我国，资产负债表采用账户式结构，左边是资产，右边是负债及所有者权益。其编制的原理是：资产＝负债＋所有者权益。
- 资产负债表编制方法有：直接根据总账科目的余额填列；根据几个总账科目的余额计算填列；根据有关明细科目的余额计算填列；根据总账科目和明细科目的余额分析计算填列。
- 货币资金＝库存现金＋银行存款＋其他货币资金
- 应收账款＝应收账款所属明细账借方余额合计＋预收账款所属明细账借方余额合计－"坏账准备"中有关应收账款计提的坏账准备期末余额
- 预付款项＝预付账款所属明细账借方余额合计＋应付账款所属明细账借方余额合计
- 存货＝原材料＋周转材料＋库存商品＋委托加工物资＋生产成本＋制造费用＋发出商品－存货跌价准备等
- 应付账款＝应付账款所属明细账贷方余额合计＋预付账款所属明细账贷方余额合计
- 预收款项＝预收账款所属明细账贷方余额合计＋应收账款所属明细账贷方余额合计
- 长期借款＝长期借款的贷方余额－一年内到期的长期借款
- "未分配利润"按"本年利润"、"利润分配"两账户余额分析填列。
- 利润表反映企业一定会计期间经营成果的报表，我国采用多步式结构编制利润表。